간절한 꿈, 뜨거운 도전

간절한 꿈, 뜨거운 도전

초판 발행 | 2014 년 10월 7일

지은이 | 고쾌선
펴낸이 | 신중현
펴낸곳 | 도서출판 학이사
　　　　　출판등록 : 제25100-2005-28호
　　　　　주소 : 대구광역시 달서구 문화회관11안길 22-1 (장동)
　　　　　전화 : (053) 554~3431,3432
　　　　　팩스 : (053) 554~3433
　　　　　홈페이지 : http : // www.학이사.kr
　　　　　이메일 : hes3431@naver.com

　ISBN _ 978-89-93280-84-5　03300

간절한 꿈, 뜨거운 도전

고쾌선 지음

學而思 | 학이사

인생은 두 번 살 수 없다

사람은 누구나 생生, 노老, 병病, 사死 의 삶의 과정을 거치며 일생을 살아간다. 우리의 인생은 '유일명(唯一命), 유일생(唯一生)! 우리는 오직 하나밖에 없는 목숨을 가지고 오직 한 번뿐인 인생을 산다.

인생은 두 번 살 수 없다. 연습이 없는 진지한 시합이요, 일회전으로 끝나는 엄숙한 경기다. 인생은 언제나 누구와 무엇과의 만남을 통하여 살아갈 뿐 아니라, 이 세상에 태어나서 죽음을 맞이할 때까지 매순간 선택에 의해 삶을 영위하고 있다. 우리들이 타인의 삶을 보는 시선은 비교적 정확하고 익숙하지만, 정작 내 삶은 서툴고 낯설기만 한 것이 인생이다. 사람은 누구나 한 번뿐인 인생을 잘 살고 싶어 하고 원하는 많은 것을 이루면서 행복하기를 소망한다. 그러나 사람들은 인생의 황혼기에 이르러서야, 올바르게 사는 법, 행복하게 사는 길을 그제야 조금 알게 되었다면서, 우리 더러 좀 더 일찍 그 길을 찾아 나서라고 한다. 죽음을 앞둔 사람들은 지난날의 자기 삶을 후회하면서 우리들에게 '남에게 베풀고, 사랑하고, 즐기며, 감사하고, 참으며, 후회 없는 삶을 살라' 고 교훈을 남기고 떠나갔다. "It matters not how long we live, but how." '얼마나 오래 사느냐' 가 중요한 것이 아니라 '어떻게 사느냐' 가 중요하다는 말이다.

실존주의(實存主義)의 중심적 주제인 즉 '산다는 것은, 곧 시련을 감내하는 것이며, 생존하기 위해서 그 시련 속에 어떤 의미(意味)를 찾는 것' 이 중요하다고 한다. '나는 누구인가?' 나의 존재(存在)의 의미를 찾아야 하며, '나는 왜(why) 사는가? 삶의 의미를 알아야한다.

'어떻게(how) 살아야 하는가?' 삶의 내재적(內在的) 가치에 의미를 두어야 할 것이다. '나는 누구이며, 왜, 어떻게 살아야 하는가? 의미 중심의 이 질문에 답을 찾는 여행이 인생이 아닐까? 우리는 영원(永遠) 속에 오직 한 번 주어진 이 고귀하고 아름다운 인생을 후회 없이 어떻게 살아가야 할까? 이것은 모든 사람들에게 주어지는 인생의 가장 근본적인 물음이다. 이 물음에 동서고금의 많은 철학자와 종교인들이 가장 많이 사색하고 고민했다. 왜 살아야 하는가? 삶의 이유가 분명히 있어야 한다.

나는 이 물음에 "지금, 여기서, 나만의 삶을 즐기면서 최선을 다해 후회 없이 살다가 웃으며 떠나기 위해 산다."고 답하고 싶다. 지금, 여기, 이 순간순간의 삶의 조각들이 모여 일생을 모자이크하기 때문이다. 후회 없는 삶이란 매우 어려운 일이다. 그러나 최대한 노력하여 후회를 조금이라도 줄이고 살아가야 한다.

나는 후회 없는 삶을 위한 그 방법을 모색하기 위하여 오래 전부터 여러 관련 도서를 탐독하고 신문기사 내용, 각종 연구자료 및 인터넷에 실린 다양한 자료를 수집 인용하였으며, 평소 나의 사색과 고민을 통하여 규명한 것들을 정리하여 책에 담았다.

우리는 억겁(億劫)의 세월 속에 서로 인연이 있어 가족의 축복 속에 이 세상에 잠깐 머물다 가지만, 어김없는 세월의 흐름 속에 언제고 이 세상을 떠날 준비를 하면서 살아야 한다.

오늘이 어쩌면 나의 마지막 날일지도 모른다는 생각으로 주어진 이 순간에 감사하며, 자신만을 위한 이기적 삶 보다 사랑하며, 나누고 , 베풀며, 즐기며, 더불어 살아가야 한다. 하늘을 우러러 한 점 부끄럼 없이 살고 싶다던 윤동주 시인의 간절한 바람을 가지고 뜨겁게 도전하며 후회 없이 살아가다가, 가족들의 축복 속에서 웃으며 떠나가기를 소망한다.

2014년 10월
대구 고산골 기슭의 자택에서
雲山 고 쾌 선

■ 차례

1부 _ 마음 다스리기

2부 _ 보람 있는 삶

3부 _ 원만한 인간관계

4부 _ 가치관 정립을 위한 삶

1부
마음
다스리기

일체유심조一切唯心造

감사와 평화의 마음을 가지면 인생은 천국이 되고
증오와 원망의 마음을 가지면 인생은 지옥으로 변한다.
천당과 지옥은 내 마음 속에 있다.

'일체유심조'는 모든 것은 오직 마음에서 지어내는 것이라는 말로, 초기 대승불교의 핵심 경전인 《화엄경(華嚴經)》에서 유래한다.

우리에게 '일체유심조'는 신라의 고승 원효대사의 일화로 많이 알려져 있다. 원효대사가 불법(佛法)을 공부하기 위해 의상대사와 함께 당(唐)나라로 가는 길이었다. 날이 저물어 잘 곳을 찾던 중 동굴을 발견하여 그곳에서 자다가 목이 말라 잠결에 물을 찾아 마셨는데, 다음날 일어나보니 그곳은 동굴이 아니라 무덤이었고, 잠결에 달게 마셨던 물은 그 무덤의 해골바가지에 고인 물이었다. 같은 동굴인데 밤에는 포근한 잠자리였지만 낮에는 무서운 무덤이었으며, 같은 물인데 지난밤에는 목을 축여주는 시원한 물이었지만 낮에는 해골에 고인 끔찍한 물이었다.

원효대사는 사람이 인식하는 모든 생각과 진리는 마음의 작용이라는 일체유심소조(一切唯心所造)를 깨닫고 불법을 찾아 머나먼 당나라까지 가지 않고, 발걸음을 다시 고국으로 돌렸다. 일체(一切)의 의미는 우주 삼라만상의 모든 것이라는 뜻이며, 이 모든 것은 인간의 감각기관에 의해 인식되는 모든 것을 의미하는 것이다. 인생이란 마음이 어떤 것에 몰입(沒入)하는 과정이다. 삶의 주격(主格)은 마음이다. 보고, 듣고, 냄새 맡고, 맛보며, 감촉을 통하여 즐겁고, 기쁘고, 슬프고, 괴롭고, 욕심내고, 무엇인가 하고자 하며, 양심(良心), 진심(眞心), 결심(決心), 고심(苦心), 선심(善心), 안심(安心), 욕심(慾心), 자존심(自尊心), 의심(疑心), 수심(愁心) 등 느끼는 감정들은 모두가 마음이 만들어 놓은 현상인 것이다.

원성스님은 마음이란 참 이상해서 나는 여기 있는데 천리 밖을 나돌아 다니고, 나는 가만히 있는데 극락도 만들고 지옥도 만들며, 마음 문을 열면 온 세상 다 받아들이다가도, 마음 문을 닫으면 바늘 하나 꽂을 자리도 없다고 했다.

인생은 마음가짐이 가장 중요하다. 녹색 안경을 끼고 보면, 모두 녹색으로 보이고, 검은색 안경을 끼고 보면 모두 검게 보이듯이 감사와 기쁨의 눈으로 인생을 보면 모두 즐겁고 기쁘다. 그러나 슬픔과 불평의 마음을 가지고 보면 인생만사가 귀찮고 괴로울 뿐이다.

'일체유심조', 이 세상 모든 일은 마음가짐에 달렸다.

감사와 평화의 마음을 가지면 인생은 천국이 되고, 증오(憎惡)와 원망의 마음을 가지면 인생은 지옥으로 변한다. 지옥과 천당은 저 세상에 있는 것이 아니고 내 마음 속에 있다. 내 마음가짐에 따라 이 세상은 밝은 천국이 되기도 하고 어두운 지옥이 되기도 한다.

미움의 안경을 쓰고 보면, 똑똑한 사람은 잘난 체 하는 사람으로 보이고, 착한 사람은 어수룩한 사람으로 보이고, 예의 바른 사람은 얄미운 사람으로 보이고, 사랑의 안경을 쓰고 보면 잘난 체 하는 사람도 참 똑똑해 보이고, 어수룩한 사람도 참 착해 보이고, 얄미운 사람도 참 싹싹해 보인다. 남을 미워하는 것은 그가 미운 짓을 해서가 아니고 나의 마음에 미움의 안경을 끼고 보기 때문에 미워하는 것이다. 남을 사랑하지 않는 것 또한, 나에게 남을 사랑할 수 있는 마음의 안경이 없기 때문이다.

하지만, 나의 마음에 미움이 없다면 남이 미워질리 없고 내 마음에 사랑이 있다면 아무리 남이 미운 짓을 하더라도 사랑스러울 것이다.

우리 몸에 힘이 있듯이 마음에도 힘이 있다. 좋은 생각은 마음의 힘이 된다. 사랑, 희망, 정직, 용서, 감사, 기쁨은 마음을 풍성하고 건강하게 한다.

그러나 미움, 불평, 거짓, 질투, 의심, 갈등, 후회는 마음을 약하게 하고 황폐하게 한다. 존 러스킨은 "마음의 힘에서 아름다움이 태어나고, 사랑에서 연민이 태어난다."고 했다. 우리는 마음에 미움, 시기, 질투를 심지 말고 사랑, 진실, 착한 마음과 남을 칭찬할 수 있는 사랑의 마음을 심자. 심리학에서는 인간의 마음에 관하여 '프레임(Frame)'이라는 용어로 표현한다. 프레임은 '세상을 바라보는 마음의 창'을 의미하며, 이는 어떤 문제를 바라보는 관점, 세상을 향한 마인드셋(Mindset), 세상에 대한 은유(隱喩), 사람들에 대한 고정관념, 마음의 안경, 마음설명서 등을 뜻한다. Frame을 바꾸면 인생이 바뀐다고 한다. 프레임은 우리 마음에 깔린 기본 원리이면서 동시에 행복과 불행, 합리와 비합리, 성공과 실패, 그리고 사람들 사이의 상생(相生)과 갈등을 결정하는 가장 중요한 요인이라고 할 수 있다. 프레임을 이해하는 것은 일종의 '마음설명서'를 이해하는 것과 같다. 사람을 부정적인 프레임으로 보면 잘 웃는 사람은 실없는 사람으로 보이고, 긍정적인 프레임으로 보면 실없는 사람도 밝고 명랑한 사람으로 보인다. 따라서 어떤 프레임으로 세상에 접근하느냐에 따라 우리가 삶으로부터 얻어내는 결과물들은 결정적으로 달라진다.

세상 모든 만물과 현상은 고정된 모습이 아니라 우리들이 보는 프레임에 따라 변한다. 아름다운 프레임으로 세상을 바라보면 꽃동네로 보이고, 불만스러운 프레임으로 세상을 보면 안개

자욱한 오염된 도시로 보일 것이다. 세상은 전적으로 어떤 프레임으로 보느냐에 달려 있다.

신발 사러 가는 날, 길에 보이는 건 모두 신발뿐이다. 길가는 모든 사람들의 신발만 눈에 들어온다. 미장원 다녀오면 모든 사람의 머리에만 시선이 집중된다. 세상은 내 마음이 끌리는 대로 보이고 또 보이는 것만이 존재하기 때문이다. '부처의 눈에는 부처만 보이고 돼지의 눈에는 돼지만 보인다.'는 말이 있다. 세상을 보는 내 마음의 눈이 어떤 상태냐에 따라 그 마음 그대로 세상이 보인다는 의미이다. 결국, 뭐든 세상 탓만 할 일이 아니라, 내가 세상에 대해 느끼는 좋고 싫고 힘들고 괴로운 감정들의 원인은 내 안에 내가 알게 모르게 심어놓은 것일 수 있다. 내 마음이 우울하면 세상도 우울하고, 내 마음이 행복하면 세상도 행복하다.

마음 따로 세상 따로 존재하는 것이 아니다. 세상 탓하기 전에 내 마음의 프레임을 먼저 아름답게 닦아나가야 한다.

〈법화경〉에 "녹은 쇠에서 생기지만 차차 그 쇠를 먹어버린다. 이와 마찬가지로 마음이 옳지 못하면, 그 마음이 사람을 먹어버린다."는 구절이 있다. 사람은 항상 자신의 마음을 잘 다스려야 함을 시사해 주는 교훈이다.

그렇다면 마음 다스리기와 가다듬기는 어떻게 해야 하는가?

행복한 사람이 되고 싶으면 마음의 세계를 이해해야 한다고
한다. 모든 것은 마음에서 나오기 때문이다. 행복도 불행도 사랑
도 미움도 마음에서 나온다. 따라서 무엇보다 선행(先行)되어야
하는 것이 마음 다스림이요, 바로 이 마음의 수행과정이 곧 삶의
과정이며, 삶의 과정이 곧 마음의 수행과정이라고 할 수 있다.
인생에서 성공한 사람은 자신의 마음을 알고, 마음을 잘 다스린
사람들이었다. 마음이 변하면 행동이 변하고, 행동이 변하면 습
관이 변하며, 습관이 변하면 인격이 변하며, 그 사람의 운명까지
변화시킬 수 있다고 한다. 자신의 의도대로 자신의 마음을 다스
릴 수 있는 사람은 자신의 몸 또한 건강하게 다스릴 수가 있을
뿐 아니라, 자신이 원하는 수많은 목적을 달성할 수 있을 것이
다. 우리 조상들은 예부터 몸보다 마음을 중시했으며, 마음을 다
스리기 위하여 많은 노력을 기울여왔다.

퇴계 이황 선생은 여러 성현(聖賢)들의 명(銘), 잠(箴), 찬(贊)을 한
데 모아 엮은 책인 《고경중마방(古鏡重磨方)》을 저술하여 마음 다
스리기 교육에 활용하였다. 이 책은 '옛 거울을 거듭 갈고 닦는
묘방'이라는 뜻이며, '명'은, 돌이나 나무, 쇠붙이 등에 붙여 마
음을 다스리고 경계하는 글이고, '잠'은 벽 등에 붙여 마음을 다
스리고 경계하는 글이며, '찬'은 어떤 대상에 대해 칭송하고 기
리는 글이다. 이처럼 옛 성현들은 한시도 마음을 놓지 않기 위해
경계하는 글을 책상, 벽, 거울, 침실, 심지어는 세숫대야나 지팡

이 위에까지 쓰고 새겨서 잠시라도 마음 수행의 고삐를 늦추지 않았다. 퇴계 선생은 인간의 본성은 순수 광명체(光明體)이지만, 오랜 세월 동안 물욕에 사로잡혀 오염되어 어두워진 마음을, 원래의 밝은 마음으로 되찾아가기 위한 의도로 편찬한 책이 《고경중마방》이다. 즉 인간의 마음을 거울에 비유해, 오염된 거울을 부지런히 갈고 닦아 마침내 원래의 밝은 거울을 되찾아가는 묘방(妙方)을 적은 것이라고 할 수 있다. 또한 마음을 다스리는 글로《쾌락심경(快樂心經)》,《반야심경》,《명심보감》, 마음병을 치료하는 구선자(九仙子)의 〈보화탕(保和湯)〉 등 수많은 글과 서적들이 있다.

'보화탕'이란 나쁜 생각을 하지 말라는 '사무사(思無邪)', 착한 일을 하라는 '행호사(行好事)', 속이는 마음을 갖지 말라는 '막기심(莫基心)' 등 30가지의 재료를 잘 섞고 거기에 '마음의 물'을 넣어 수시로 복용하면 마음의 병을 완치할 수 있다고 하였다. 그 외에도《성경》가운데 '갈라디아서 5장 22~23절'에 의하면 인간의 마음과 행실에서 충실하게 맺어야 할 '아홉 가지의 열매'가 나와 있다. 첫째 사랑, 둘째 기쁨과 즐거움, 셋째 평화, 넷째 인내, 다섯째 자비와 친절, 여섯째 선행, 일곱째 진심과 믿음, 여덟째 온유, 아홉째 절제라고 한다. 성경을 믿고 있는 종교인들은 이를 '성령의 열매'라고 부르며 항상 마음을 다스리는 가르침으로 삼고 있다.

어니 J, 젤린스키(Ernie j. Zelinski)는 "우리가 걱정하는 96%가 쓸

데없는 걱정이다"라고 하였다. "걱정의 40%는 절대로 현실로 일어나지 않으며, 걱정의 30%는 이미 일어난 일에 대한 것이고, 걱정의 22%는 사소한 고민이며, 걱정의 4%는 우리 힘으로 어찌할 도리가 없는 일에 대한 것이다. 나머지 4%만이 우리가 대처할 수 있는 진짜 걱정이다."라고 했다.

우리 마음을 어지럽히는 수많은 걱정과 108번뇌들은 대부분 부질없는 걱정들이며, 사람들의 마음이 만들어 내는 것들이라는 의미이다.

세계 2차 대전 당시 전쟁으로 말미암아 죽은 청년의 수가 30만 명이었다. 그런데 아들과 남편을 일선에 내보내고, 근심과 염려와 불안에 빠져 심장병으로 죽은 미국 시민들이 100만 명을 넘었다고 한다. 총탄이 사람을 죽인 수보다, 불안과 공포가 죽인 사람의 수가 훨씬 많았다는 사실은, 불안을 이겨내고 자기 마음을 다스리기가 절실히 필요함을 시사해주고 있다.

심리학자들은 자신의 마음을 다스리기 위해서는 "① 자신의 마음의 주인이 자신이라는 것을 자각하기, ② 자신의 마음을 다스릴 수 있다는 것을 확신하기, ③ 매일 매일 꾸준한 자기수련(명상, 자기최면, 수행 등)하기, ④ 자신을 있는 그대로 수용하고 받아들이기, ⑤ 이 세상에서 가장 소중하고 위대한 존재가 바로 자기 자신이라는 것을 진심으로 믿기" 등이 선행(先行)되어야 한다고 하였다. 이는 자신이 자신의 마음을 알고 자신과의 진실된 대화를 한다면 우리의 마음을 자연스럽게 원하는 대로 다스릴 수 있다는 의미이다. 혜민 스님은 마음의 치유명상 〈자애편(自愛編)〉에서 "내가 나를 사랑하면 세상도 나를 사랑합니다."라고 했으며, 김찬호 성공회대 교수와 곽금주 서울대 교수는 높은 자살률, 성형수술, 악플(惡+reply) 등은 낮은 자존감(自尊感)과 열등감(콤플렉스)에서 그 원인을 찾고 있으며, 공자(孔子)가 지은 동요 '마음의 못 빼는 법'을, 인용한《맹자》에서는 "내가 먼저 나 자신을 업신여기면, 남도 나를 푸대접한다."고 풀이하고 있다. 콤플렉스와 모멸감에 대처하기 위해서는 먼저 나 스스로 바로 서고 자존감이 굳건해야 한다는 것이다. 인간의 콤플렉스에는, 타고난 성(性)이 달갑지 않아 생기는 '다이애나 콤플렉스', 실패에 대한 두려움으로 성공을 회피하는 '요나 콤플렉스', 사소한 억울함에도 목숨을 걸고 보복하는 '몬테크리스토 콤플렉스' 등 18가지 콤플렉스가 있으며, 곽금주 교수는 "자신의 콤플렉스를 아는 사람은 그 '약한 고리'를 다독이며 다치지 않게 끌어안고 사는 것이 건강하다"고 했다. 김수환 추기경은 "이 세상에서 가장 먼 것은 바로 머리와 가슴까지의 거리다"라고 했다. 우리는 수백, 수천 가지를 알면서도 가슴으로 느끼기에는 많은 시간과 노력이 필요하다는 뜻이다. 머리로 알고 있는 것을 가슴에서 느껴서 그것을 실제 행동으로 옮기는 노력이 진정한 마음 수련이요, 마음공부이다. 나는 누구인가? 나는 어디로 갈 것인가? 자신의 존재 이유와 삶의 의미, 삶의 방향을 찾아가는 사람, 그리고 긍정적으로 마음 속에 원하는 Image를 만들고 성공과, 건강, 기쁨과 감사, 행복의 Image를 떠올리며, 마음을 다스려 나가는 사람은 아무리 큰 장애물이 닥치더라도 이를 극복하고 행복한 삶을 영위할 수 있을 것이다.

간절히 꿈꾸고 뜨겁게 도전하자

어리석은 사람은 희망 속에서 절망을 보지만
현명한 사람은 절망 속에서 희망을 캐낸다.

우리가 산다는 것은 뜻을 세우고 그 뜻을 이루기 위하여 주야로 최선을 다하여 노력하는 것이다. '뜻'이란 입지(立志)라 해도 좋고, 꿈이라 해도 좋고, Vision이라 해도 좋을 것이다. 우리가 산다는 것은 Vision을 추구하는 것이요, 꿈을 이루기 위하여 정성을 쏟는 것이다.

우리 삶에 생기를 주고, 힘을 주고, 용기를 주는 것이 꿈이요, 희망이요, Vision이다. 조선의 위대한 학자였던 이율곡 선생은 공부하는 청소년을 위하여 《격몽요결(擊蒙要訣)》이라는 교육학 명저를 썼다.

모두 10장(章)으로, 입지(立志)의 장에서 처세(處世)의 장으로 끝난다. 율곡은 이 책의 첫머리에서 '초학선수입지(初學先須立志)'

라고 하였다.

　처음 공부하는 이는 모름지기 먼저 뜻을 세워야 한다고 했다. 어려운 환경에서도 인생의 대업(大業)을 성취한 사람들은 모두 마음속에 크고 간절한 목표를 세우고 그것을 달성하기 위하여 분골쇄신하였다. 오로지 한 가지 생각, 한 가지 꿈을 위하여 온 정성을 쏟으면 세상에 안 되는 일이 없다. 뜻이 있는 곳에는 반드시 길이 있다. 영어의 격언에도 꼭 같은 말이 있다. "Where there is a will, there is a way." 뜻(will)이 있는 곳에는 반드시 길(way)이 있다. 부산의 어린이회관에는 육영수 여사의 시비(詩碑)가 있다.

　"웃고 뛰놀자, 그리고 하늘을 보며 생각하고 푸른 내일의 꿈을 키우자."

　이 시비를 세운 의도는, 어린 시절부터 꿈을 키워 이를 이루어 갈 것을 소망하고 있는 시비(詩碑)다. 도산 안창호 선생은 "낙망(落望)은 청년의 죽음이요, 청년의 죽음은 그 민족의 죽음이다"라고 하였다. 발타사르 그라시안(Baltasar gracian)은 "꿈이 없는 사람은 생명이 없는 인형과 같다."고 했으며, 〈구약성서〉 잠언 29장 18절에서 "비전 없는 백성은 멸망한다."고 말했고, 영국의 윈스턴 처칠은 "어리석은 사람은 희망 속에서 절망을 보지만, 현명한 사람은 절망 속에서도 희망을 캐낸다."고 하였다. 유명한 철학자 키르케고르는 "절망은 죽음에 이르는 병"이라고 단정하였으며, 중국의 이름난 학자 임어당(林語堂)은 "중국인은 한쪽 눈을 뜬 채 꿈을 꾼다."고 의미 있는 말을 했다. 여기에 담긴 뜻은, 감은 눈으로 미래를 꿈꾸고, 뜬 눈으로 현실을 직시하라는 의미이다. 또한 못 듣고, 못 보고, 말 못하는 삼중고(三重苦)의 인생인 헬렌켈러는 "사람들이 맹인으로 태어난 것보다 더 불행한 것이 무엇이냐고 묻는다면, 그럴 때마다 나는 시력은 있지만 인생의 Vision이 없는 것이다."라고 대답했다. 독일의 시인 괴테는 "꿈을 가져라, 네가 갖고 있는 꿈이 이루어질 가능성이 설사 1%뿐이라고 해도 꿈을 가져라. 불가능을 꿈꾸는 사람을 나는 사랑한다."고 외쳤다. 꿈은 꾸는 자에게만 이루어진다. 오랫동안 꿈을 그리는 사람은 마침내 그 꿈을 닮아간다. 희망이란 내 능력에 대한 믿음, 지금 내가 처한 상황을 어느 정도 통제할 만한 능력이 내게 있다는 믿음이다. 희망은 인간의 가장 핵심적인 긍정적 감정의 하나다. 희망은 우리를 흔들리지 않게 중심을 잡아주는 든든한 중심이요, 우리 앞에 있는 장애나 위험을 똑바로 보게 하고, 희망은 절망에 빠져있는 사람들이 다시 일어나 용기 있게 살게 하고 열정을 다해 꿈을 이루게 하는 원동력으로 작용한다. 희망의 주성분인 믿음과 기대가 뇌에서 엔도르핀이 분비되게 하고 이들이 '모르핀 효과'를 흉내 냄으로써 통증까지 차단시킬 수 있다고 한다. '믿음'과 '기대', 이 두 가지 희망의 주성분은 '플라시보'의 생물학적 효과에도 필수적이다. 사람은 희망을 먹고 사는 본능적인 존재로써 희망이 없는 사람은 모든 것을 잃어버린 무가치한 사람이다.

삶의 저울은 항상 희망과 절망 사이를 오르락내리락하고 있지만, 현명한 사람은 희망적 삶을 살고 있다. 유대인은 매우 낙관적이다. 그들은 때가 되면 반드시 좋아진다고 생각하고 어떤 역경에 처해 있더라도 포기하는 법이 없으며 항상 희망을 버리지 않고 살아간다.

〈탈무드〉에는 "희망의 등불을 지니고 있으면 어둠 속에서도 견딜 수 있다."고 말한다. 희망은 가장 강력한 자기 암시이므로 그렇게 될 것이라고 믿으면 반드시 그렇게 된다. 자기 암시란 자신에게 긍정적인 이야기를 계속 말하는 것이다. 꿈이 이루어졌다고 완벽하고 철저하게 믿게 되면 인생은 자기 자신이 생각하는 대로 된다. 꿈을 장기적으로 품고 그 꿈을 계속 바라보면 때가 찼을 때 반드시 현실이 된다고 한다. 이런 현상을 〈성경〉에서는 '바라봄의 법칙'으로 설명한다.

간절한 마음으로 자신의 믿음을 부르짖고 내면(內面)을 향해 확신(確信)을 외치며 매일같이 자기 꿈을 글로 쓰고 꿈을 그린 '보물지도'를 눈앞에 붙여 영상화(시각화)한 사람은 반드시 그가 원하는 대로 이루게 된다. 그것이 바로 꿈을 향한 신념(信念)의 마력(魔力)이다. 진심으로 믿으면 그대로 현실이 된다는 것이 세상과 자연의 법칙이다. 사람은 사실이건 아니건, 어떤 것을 반복해서 말하고 듣게 되면 결국 그것을 믿게 된다. 인디언들은 어떤 말을 10,000번 이상 되풀이 하면 그 일이 반드시 이뤄진다고 믿는다. '믿는 자는 모든 것을 할 수 있다.'는 성경 구절은 세상에 존재하는 가장 실천적 지혜다.

'나는 믿습니다. 나는 할 수 있다.' 이런 외침이야 말로 자신에게 희망을 주며, 두려움과 불안을 제거시켜 주는 참으로 값진 기도다.

'Boys, be ambisions!' 젊은이는 마땅히 큰 꿈을 가져야 한다. 그렇게 살아야 사는 의미가 있고 기쁨이 있고, 보람이 있고, 삶의 생동감과 충만감을 느낀다. 꿈이 인생에 끼치는 영향에 대한 연구가 있다.

하버드 대학은 지능지수(IQ)와 학력, 자라온 환경이 비슷한 사람들을 대상으로 재미있는 실험을 하였다.

그 결과 조사 대상자 가운데 27%는 꿈이 없고, 60%는 꿈이 희미하며, 10%는 단기적 꿈을 갖고 있었다. 확실한 꿈을 갖고 있는 사람은 3%에 불과했다. 이들의 삶을 25년간 추적 조사한 결과 재미있는 사실을 발견했다. 명확하고 장기적인 꿈이 있던 3%는 25년 후 대부분 사회의 주도적(主導的) 위치에서 영향력을 행사하고 있었다. 하지만 단기적 꿈을 가졌던 10%에 속한 대부분은 중상위층(中上位層)에 머물렀다. 그들은 단기적 꿈의 지속적 달성으로 안정된 생활 기반을 구축했고, 주로 의사, 변호사 등 전문직에 종사하는 경우가 많았다. 꿈이 희미했던 60%는 주로 중하위층(中下位層)에 속했다. 꿈이 없던 27%는 25년 뒤 하나같이 최하위 수준에 머물러 있었으며, 취업과 실직을 반복하는 비참한 삶을 살고 있었다. 이들은 남과 사회를 원망하면서도 누군가가 나서서 구제해 주기만을 기다리는 인생을 살고 있었다.

희망과 꿈을 실현한 사람들

사례 1_ 2010년 8월 5일 칠레의 '산사호세' 구리광산이 붕괴 되어 지하 700m에 광부 33명이 갇혔었다. 생존율은 2% 정도라며 전 세계인이 안타까워하고 있을 때, 69일 만에 이들 모두를 기적적으로 구출했다. 이 칠레 광부들이 끝까지 버텨냈던 것은 반드시 구조된다는 믿음과 희망 덕분인 것이다.

나라가 구하러 올 것이라는 확신이 없었다면 이들은 절망감에 미쳐버렸을는지 모른다.

사례 2_ 1995년 보스니아에서 미군 전투기가 격추됐다. 엿새 뒤 기적적으로 생존한 조종사의 SOS가 미군 부대에 타전돼 왔다. 미군은 즉각 적진 복판에 특공대를 투입해, 빗물로 연명하던 조종사를 구출해내고야 말았다.

한 명을 구출하기 위해 더 큰 희생이 따를지 모를 위험한 작전을 강행한 것이었다. 미국이 자국민에게 약속하는 구호가 있다. '우리는 당신을 잊지 않는다.(you are not forgotten).' 어떤 비용을 치르고라도 지구 끝까지 쫓아가 구해낸다는 믿음과 희망을 주는 원칙을 미국은 한 번도 버린 일이 없다.

사례 3_ 강영우 박사는 중학교 재학 중, 외상에 의한 망막박리로 실명하고, 이로 인하여 충격을 받은 어머니와 누나는 사망하고, 두 동생을 데리고 소년가장으로 살아가게 되었다. 그러나 희망을 버리지 않고 서울 맹학교 고등부를 졸업하고 연세대학을 전체 차석으로 졸업한 후 미국 피츠버그 대학에서 교육학 석사와 철학박사 학위를 취득하고 미국 일리노이 대학 교수직을 거쳐 미연방 최고 공직자 중의 하나인 국가장애 위원회 정책차관보에 임명되었고, UN세계 장애위원회 부의장으로, 전 세계 장애인들을 대변하는 막대한 임무를 맡게 되었다. 이런 위대한 업적을 남기게 된 것은, 실명의 고통과 사회의 편견과 차별을 신앙과 선명한 인생의 비전(Vision)으로 극복하고, 기구한 운명과 불우한 환경을 탓하지 않고 고난과 역경을 이겨낼 수 있었기 때문이다.

사례 4_ 제2차 세계대전은 유대인 소녀 안네의 가족을 절망으로 몰아갔었다. 하지만 무서운 독일 나치는 안네의 꿈과 희망만

큼은 짓밟지 못했다.

안네는 생일날 선물 받은 일기장을 벗 삼아 꿈과 희망의 힘으로 일기를 쓰며 끈질기게 은신처의 생활을 꿋꿋이 견뎌낸 것이다.

사례 5_ 인생살이가 아무리 고통스러운 상황에 직면한다 하더라도 어둠 속에 비치는 한 줄기 빛처럼 비치는 희망을 발견한다면 보다 나은 미래를 꿈꾸며 그 상황을 극복할 수 있을 것이다. 1905년에 오 헨리가 쓴 〈마지막 잎새〉라는 소설에서 주인공 존시는 폐렴에 걸려 죽어가고 있었다. 집 건너편에는 벽을 타고 올라가던 담쟁이가 하룻밤 지날수록 낙엽이 떨어지는 것을 바라보며 존시는 "저 낙엽이 다 떨어지면 나도 낙엽처럼 죽겠지?"라고 말했다. 이 말을 들은 친구인 수는 아래층에 살고 있는 '베이먼'이라는 늙은 무명의 화가에게 지나가는 말로 했다. 어느 날 드디어 잎새는 다 떨어지고 달랑 하나가 남았다. 그날 밤은 비바람이 거세게 몰아쳤다. 다음날 아침 존시는 "잎새가 다 떨어졌겠지, 나도 이제는 죽을 거야." 하며 창문을 열었다. 그런데 그 벽에 잎새 하나가 여전히 달려있었다.

그것을 보며 존시는 희망을 가지게 되었다. 다음 날에도 그 잎새는 여전히 거기에 달려있었다. 존시는 점점 회복 되었다. 마지막 잎새는 진짜 잎사귀가 아니라 화가 아저씨가 존시를 살리기 위하여 생명을 쏟아서 잎사귀를 그린 것이다. 그 베어만 아저씨가 존시에게 희망을 주었다. 마지막 잎새가 병든 존시에게 희망으로 다가왔기에 그 희망의 잎새 때문에 그녀는 살아갈 수 있게 되었다.

사례 6_ 남아프리카공화국 최초의 흑인 대통령이자 전 세계 민주화의 상징이었던 넬슨 만델라는, 남아공 백인정권의 흑인 차별정책에 맞서 투쟁하다 붙잡혀 27년간 수감되었다. 71세이던 1990년 석방된 그는 기나긴 고난의 세월에도 불구하고 자유와 인권, 민주주의에 대한 소신을 갖고, 끝내 일어서리라는 희망을 포기하지 않아, 흑인뿐만 아니라 세계인 모두에게 희망의 상징이 되었다.

사례 7_ 유대인이 나치의 강제수용소 감옥 속에 갇혀있을 때, "나는 믿는다. 여호와께서 약속하신 평화의 날이 지상에 오기를 믿는다. 그날이 오는 것이 더딘 것은 우리가 조급히 기다리기 때문이다."라는 노래를 부르며 하느님에 대한 원망과 비난을 하지 않고, 희망을 품고 신앙에 대한 믿음을 고백하며 평화의 그날을 기다렸다.

사례 8_《죽음의 수용소에서》의 저자 빅터 프랭클 박사는 "아우슈비츠 수용소의 처참한 악조건에서 견디어 살아남은 사람들은, 다름 아닌 '고난(苦難)의 의미(意味)'를 깨닫는 사람, '왜 살아야 하는지 삶의 의미를 알고 있는 사람들'과 '살 수 있다는 희망을 굳게 갖고 있는 사람들'이었다."고 말한다. 반면에 아무리 인간적으로 탁월하고 체력이 좋아도 '절망과 삶의 의미를 모르는 사람들'은 고난을 견디지 못하고 쉽사리 무너지게 된다고 하였다. 생사(生死)의 갈림길에 서 있는 공포와 싸우면서, 어떤 절망에도 희망이, 어떤 존재(存在)에도 거룩한 의미가 필요하다고 하였다. 아우슈비츠 수용소에 갇혀있던 유태인들은 1944년 12월 크리스마스 때, 전쟁이 끝나 석방될 것이라고 굳게 믿었지만 막상 실현되지 않자 그날부터 새해까지 일주일 동안 수많은 사람들이 절망에 빠져 숨을 거두고 말았다. 혹독한 강제수용소에서 살아남는 법은 딱 하나다.

미래에 펼쳐질 인생의 의미(意味)를 확고히 파악하고 정신적으로 의지할 곳(희망)을 찾아 '살지 않으면 안 된다.'고 인식하는 것이다. 그 예(例)로 아우슈비츠 수용자들 중에 "이제 인생에는 아무것도 기대할 수 없다." "차라리 이제 죽는 것이 낫다."라고 말하던 두 사람 중 한 사람은 수용소로 오기 전에 저술 중이던 책(지리시리즈)을 완결시키지 못해 늘 아쉬워했다. 또 한사람은 눈에 넣어도 아프지 않을 고명딸이 외국에서 아버지를 기다리고 있었다.

미래에 출간 될 책과, 곧 만나게 될 딸이 그들 인생의 삶의 의미가 되었다. 결국 이들은 살아남았다.

사례 9_ 빌 게이츠, 애플컴퓨터의 CEO 스티브 잡스, 토크쇼의 여왕 오프라 윈프리, 석유왕 록펠러… 이들은 자기 꿈을 이룬 사람들로 희한하게도 하나같이 가난을 극복한 사람들이다. 그들이 가난을 겪는 과정에서 '반드시 성공 하겠다.'는 강한 열망과 함께 큰 꿈을 가졌기 때문이다.

스티브 잡스는 자신이 처한 상황은 암담했지만 결코 절망하지 않았다. 절망하는 순간 자신의 꿈은 물거품이 되고 비참한 인생을 살아야 한다는 것을 알았기 때문이다. 고통스럽다고 여길 때마다 '가난하다고 해서 꿈조차 가난할 순 없다.'는 문구를 떠올렸다. 이런 생각은 어떤 절망적인 상황에 놓여도 그에게 진취적이고 긍정적인 자세를 잃지 않게 했다. 오히려 자신의 꿈에 대한 열망으로 불탔다. 그 결과 원하는 꿈을 이루게 되었다. 가난할수록 더 큰 꿈을 품고 전력질주 해보자. 미래는 자신이 만들어가는 것이다.

샤무엘 울만은 "머리를 높이 치켜들고 희망의 물결을 붙잡는 한 팔십 세라도 인간은 청춘으로 남는다."고 했다. '얼음장 밑에서도 고기는 헤엄을 치고 눈보라 속에서도 매화는 꽃망울을 튼

다. 새우잠을 자더라도 고래 꿈을 꾸자. 꿈의 크기가 삶의 크기
다. 꿈은 꿈을 꾸는 자의 것! 꿈이 없는 삶은 날개가 부러져 굶어
죽어가는 새와 같다. 살아갈수록 젊을 때 꾼 꿈의 모습대로 인생
이 이루어진다. 절망 속에서도 삶의 끈기는 희망을 찾고, 사막의
고통 속에서도 인간은 오아시스 그늘을 찾는다.'는 희망가를 부
르며 내일을 향한 푸른 꿈을 키워가기를 소망한다.

감사하며 사는 삶

감사는 '영혼에서 피어나는 아름다운 꽃'이라고 했듯이
자신의 영혼과 마음을 다른 존재들을 향해 열어 소통하며
더불어 살아감을 의미한다.

　인간은 사회적 동물로 혼자 살아갈 수 없다. 우리는 종종 우리의 삶을 당연한 것으로 여기고 있다. 그러나 사람에서부터 물, 공기, 옷, 음식 등과 같은 수많은 것들의 도움 없이는 한순간도 살 수 없다.

　이렇게 수많은 존재들로부터 빚지고 살아온 결과가 바로 오늘의 우리들 자신이다. 늘 빚지고 도움을 받고 사는 것이 인생이다. 어떻게 하면 이 빚을 갚을 수 있을까? 이를 위하여서는 성경에 '범사에 감사하라'는 구절이 있듯이 매사에 감사하는 마음으로 사는 것이다. 공기, 물, 숲 등 모든 자연과 그동안 소홀히 생각했던 가족, 이웃, 심지어 지금까지 건강을 지켜준 내 몸에 대해서도 감사해야한다.

헤리 워드비처는 "감사는 영혼에서 피어나는 아름다운 꽃이다."라고 했듯이 감사는 자신의 영혼과 마음을 다른 존재들을 향해 열어 그들과 소통하며 더불어 살아감을 의미한다. 그러나 현대인들의 가장 큰 문제는 감사할 줄 모르는 것이다. 이미 가지고 있고, 누리고 있으면서 감사하지 못하고, 행복하다고 느끼지 못하는 이유는 무엇일까? 이것은 바로 이러한 것들이 언제까지나 우리 곁에 충만할 것이라는 착각 때문이다.

사람들은 모든 것을 잃고서야 그때가 좋았다고, 감사했다고 이야기한다. 이것을 제대로 실감하고 싶으면 〈더 로드〉라는 영화를 보라고 권하고 싶다. 이 영화 장면을 보면 지구의 종말이 닥친 이후에 살아남은 몇몇 사람들이 살아가는 이야기가 나온다. 온 세상은 폐허로 변해 버렸고 갈 곳도 없고, 먹을 것도 없고, 입을 것도 제대로 없이 방황하는 장면이 나온다. 이 영화를 통해 지금 우리가 살고 있는 세상이 얼마나 행복한 곳인가를 뼈저리게 느끼게 된다. 우리는 파괴된 자연을 보고서야 자연의 소중함을 알게 되고, 오염된 공기와 물을 통해 신선한 공기와 깨끗한 물의 중요성을 깨닫게 되고, 건강을 잃은 후에야 건강의 소중함을 절실히 느끼는 것처럼 부모님이 돌아가신 후에야 비로소 살아계실 때 효도하지 못한 것을 후회하게 된다. 또한 장애인들이 장애를 극복한 이야기에 나타난 공통점은 '갖지 못한 한 가지를 불평하기보다 가진 것 열 가지에 감사하는 것'을 들고 있다.

없는 팔 다리를 불평하기보다, 아직도 가지고 있는 것에 감사함으로써 주어진 현실을 받아들일 수 있게 되고, 새 출발을 위한 힘을 얻을 수 있었다고 한다.

감명 깊었던 감사한 사례

사례 1_《실락원》의 작가 밀턴은 그가 앞 못 보는 맹인이 되었을 때, 이렇게 감사를 드렸다. "육(肉)의 눈은 어두워 보지 못하지만, 그 대신 영(靈)의 눈을 뜨게 되었으니 감사합니다." 이러한 감사의 마음은 그가 눈을 뜨고 있을 때보다 더 풍성한 영감을 얻으므로 '실락원'과 같은 위대한 작품을 쓸 수 있었다고 한다.

사례 2_ 세계적인 신학자요 설교가인 메튜 헨리가 어느 날 강도를 만났다. 귀가 중이던 그를 덮친 강도는 피가 철철 흐르도록 구타하고 가진 돈을 모두 빼앗아갔다. 집으로 돌아온 신학자 헨리는 먼저 무릎을 꿇고 기도를 했다. "하느님 제가 강도당한 입장인 것을 감사합니다. 돈을 빼앗겼으나 생명을 빼앗기지 않았으니 감사합니다. 그가 다시는 강도로 살지 않도록 하옵소서."

사례 3_ 발명왕 토마스 에디슨이 소년시절 기차 안에서 신문을 팔면서 틈이 나는 대로 열차 한 구석에서 실험을 하곤 했는데,

어느 날 기차 안에서 실험을 하다가 기차의 진동으로 화학약품이 떨어져 불이 나는 소동이 일어나자, 격분한 승무원이 에디슨을 기차에서 밀어 떨어뜨렸는데 이때의 충격으로 고막이 파열되었다고 한다. 훗날 에디슨에게 "귀가 잘 들리지 않아서 실험과 연구에 불편함이 없습니까?" 하고 질문하는 사람에게 "나는 귀가 잘 들리지 않는 사실에 대해 낙심하거나 실망하지 않습니다. 오히려 아무것도 들리지 않아 연구에 몰두할 수 있었기 때문에 감사했습니다."라고 말했다.

사례 4_ 밀림의 성자(聖者) 슈바이처 박사는 프랑스에 있는 그의 친구에게 보낸 마지막 편지에서 다음과 같이 감사의 생애(生涯)를 고백하였다.

"자네가 이 편지의 회신을 또 받기 전에 아마도 나는 죽을 것 같네. 내가 죽었다는 소식을 듣더라도 슬퍼하지 말게나, 나는 이 세상에서 제일 축복받은 자로 생각하고 싶네, 불쌍한 사람들을 섬기는 사업에 60년간을 헌신할 수 있었고 오늘 90세의 노구(老軀)를 이끄는 이 순간까지 계속할 수 있음을 과거나 현재나 변함없이 돌보아주시는 하느님의 큰 은혜와 사랑의 섭리이신 줄을 확신하고 나의 진심을 다하여 감사하는 마음을 드리고 싶다네"라고 고백하였다. 그는 자신에게 주어진 생애를 끝마치는 최후의 그 순간까지 평화로운 상태에서 자신을 인도해주신 하느님께 감사했다. 우리도 앞으로 삶의 축복에 감사하며 살아가야 할 것이다.

사례 5_ 전 세계 정상(頂上) 중 감옥에 가장 오래 있었던 넬슨 만델라는 27년간 감옥생활을 했다. 그가 출옥할 때 나이가 70세가 넘었는데도 불구하고 아주 건강하고 씩씩한 모습으로 걸어 나왔다. 취재기자가 "27년간 감옥살이를 하고서도 이렇게 건강할 수 있습니까?"라고 물었을 때 그가 대답했다. "나는 감옥에서 하나님께 늘 감사했습니다. 하늘 보고 감사하고, 음식을 먹으며 감사하고, 강제 노동을 할 때도 감사하고, 늘 감사했기 때문에 건강을 지킬 수 있었습니다." 그 후 만델라는 노벨평화상을 받았고 대통령에도 당선되었다. 감옥 밑바닥에서 '감사'가 일궈낸 또 하나의 기적이었다.

감사하는 사람은 어떤 위기 상황에서도 건강을 지켜낼 뿐 아니라, 모든 일을 지혜롭게 극복하고 마침내 별과 같이 빛나는 인생을 이뤄 갈 수 있을 것이다.

사례 6_ 2004년 2월 15일 어느 목사가 자기 아들에게 남긴 유서에서 "좋은 스승을 만나서 감사하고, 재산 없는 것에 감사하며, 목회하여 호의호식 안함에 감사드리며. 아무 배경이 없음에 감사하다."는 글을 남겼다.

사례 7_ 많은 사람들이 역경 속에서도 희망을 잃지 않고 자신의 뜻을 이루어낸 사람으로 헬렌 켈러를 기억한다. 그러나 무엇보다도 우리가 그에게서 본받아야 할 것은 자신이 처한 상황을 인정하고 그 상황 자체에 감사하는 태도이다. "나는 나의 역경에 대해서 하나님께 감사합니다. 왜냐하면 나는 역경 때문에 나 자신, 나의 일, 그리고 나의 하나님을 발견했기 때문입니다. 나는 눈과 귀와 혀를 빼앗겼지만 내 영혼을 잃지 않았기 때문에 그 모든 것을 가진 것이나 마찬가지입니다."라고 말했다.

감사할 일 찾기

1. 자연에 대한 감사

아침에 일어나 밖으로 나가 보면 동녘에 붉은 태양이 우리를 반기며 온 세상을 밝게 비추어준다. 태양은 세상을 밝히며, 생물의 생장을 돕는 역할을 하고 있다. 만약 태양이 없다면 온 세상은 암흑세상으로 변하고 모든 생명체는 생존할 수 없게 된다. 매일 뜨고 지는 태양의 혜택에 감사하자. 우리가 지금 코를 막고 입을 다물고 2분간만 참고 버틸 수 있겠는가? 잠시라도 공기가 없으면 살아갈 수 없으며 또한 매일 마시고 있는 물이 없다면 모든 동식물들은 살아갈 수 없게 된다. 그러나 우리는 태양, 물, 공기의 고마움을 모르고 살아왔다. 여름철 비 내리는 긴 장마철에서야 태양이 나타나기를 고대하였고, 가뭄이 들어 기우제를 지내며 애타게 비 내리기를 소원하는 모습들과 사막지방에서 물을 마시지 못해 오아시스를 향해 사력(死力)을 다해 달려가고 있는 모습들을 볼 때, 물의 고마움을 실감할 수 있게 된다. 공기의 고마움을 느끼려면 높은 산을 오르거나 코와 입을 물속에 깊이 넣고 있어보면 알 수 있을 것이다.

　우리나라는 4계절이 있어 따뜻한 봄이 되면 잎이 돋아나고 꽃이 피며, 여름이 돌아오면 더위와 함께 바다에서의 해수욕과 숲이 무성한 산속에서 휴식을 즐길 수 있다. 가을이 되면 푸르렀던 나무들이 울긋불긋 오색 단풍으로 물들어가고 시원한 바람이 불어오는가 하면, 논밭에서는 곡식과 과일들을 수확하여 추수 감사의 기쁨을 갖기도 한다. 겨울이 돌아오면 강에 얼음이 얼어 스케이트를 타는가 하면, 온 산과 들에 흰 눈이 내려 환상의 은빛 세계로 변하니 이 얼마나 자연의 조화이며 축복인가! 날씨가 건조하거나 논밭에 물이 부족할 때면 구름이 비가 되어 대지의 생물들을 자라게 하고, 빗물이 모여 시냇물이 되고, 강물이 되어 바다로 흘러 넓고 푸른 바닷물이 되어 우리의 생활을 풍요롭게 해주며, 밤이 되면 밝은 달과 별이 떠서 태양을 대신하여 세상을 밝혀 주고, 맑은 날이면 밤하늘에 별들이 반짝 반짝 빛나고 있으니 이렇게 신비한 자연의 혜택에 감사드린다.

　우리는 고마운 자연을 정복하려 하지 말고 자연을 보호하면서, 인간과 자연이 조화를 이루어 나가야 할 것이다.

2. 나 자신에 대한 감사

우리가 인간으로 태어난 것이 참으로 축복 받을 일이다. 다른 동물들에 비해 喜(기쁨), 怒(노여움), 哀(슬픔), 懼(두려움), 愛(사랑), 惡(미움), 欲(욕망) 등 칠정(七情)의 감정을 갖고 있을 뿐 아니라 대화하고 글을 쓰며, 노래하고, 웃을 수 있고, 고등정신기능을 가지고 있는 만물의 영장이라고 불려지고 있어, 인간으로 살아감에 감사하여야 한다. 우리에겐 눈이 있어 사물을 볼 수 있으니 얼마나 감사한 일인가! 눈을 감고 5분간만 앞으로 걸어가 보자. 눈의 고마움을 절실히 느낄 것이다.

헬렌 켈러는 보지 못하고, 듣지 못하고, 말하지 못하는 삼중고(三重苦)의 인생을 살면서 "만약 내가 이 세상을 사는 동안에 유일한 소망 하나가 있다고 하면 그것은 죽기 전에 꼭 3일 동안만 눈을 뜨고 보는 것이다."라고 했다. 눈을 뜨고 앞을 보는 것이 그얼마나 간절했기에 죽기 전 3일 만이라도 볼 수 있기를 소망했을까! 그러나 우리들은 언제나 눈으로 아름다운 꽃, 푸른 하늘, 밤하늘에 반짝이는 별빛, 둥근 달, 사랑하는 아내, 남편, 부모, 형제, 친구들, 귀여운 아이들을 볼 수 있으니 이 얼마나 감사한 일인가? 팔이 있어 만지고 쓸 수 있고, 두 다리가 튼튼하여 어느곳이든 걸어 갈 수 있고, 귀와 코가 있어 듣고, 향내를 맡을 수 있을 뿐 아니라, 입이 있어 말하고 맛있는 음식을 먹을 수 있으니, 눈아, 손아, 다리야, 입아, 참 고맙다고 속삭여보자. 눈썹은 눈 속에 먼지가 들어가지 않도록 1시간에 약 900여 번 깜박이고 있으며, 뛰는 맥박을 손가락 끝으로 느껴보자. 심장이 멈추지 않고 박동하며 혈관 구석구석에 피를 보내주고 있음을 느낄 수 있을 것이다. 그런데도 우리는 날마다 멈추지 않고 신비롭게 박동하며 생명을 유지해주고 있는 심장을 고마워했는가? 우리는 심장이 멈추지 않고 숨이 끊어지지 않는 기적을 매일매일 일구고 있는 것이다.

우리 몸은 100조라는 무수히 많은 세포로 구성되어 있으며 피를 운반해 주는 혈관의 길이가 지구를 3바퀴 돌 수 있는 120,000km라고 하니, 내 몸은 하나의 소우주라 할 수 있다. 우리의 피 속에는 적혈구와 백혈구가 있다. 적혈구는 영양분과 산소를 전신의 모든 조직과 기관에 배달하고, 탄산가스와 노폐물을 밖으로 내보낸다. 백혈구는 우리 몸의 혈관 속을 돌아다니면서 몸에 독균이 침입하면 독균을 포위하고 자기 목숨을 바쳐 생명을 안전하게 지켜주고 있다. 독균과 용감하게 싸우다 죽은 백혈구의 시체가 고름이다. 우리 몸의 방위군인 백혈구야, 참으로 고맙다.

또한 간장, 신장, 뇌, 위장, 소장, 대장 등 인체기관들이 쉬지 않고 스스로 제 역할을 하며 생명을 유지해 주고 있으니 참으로 신비한 일이 아닐 수 없다. 이렇게 신비한 인간을 누가 어떻게 만들었을까? 나는 진화론자의 입장에서 창조론자의 입장이 되어 인간을 창조한 절대자에 감사하며, 건강을 유지해준 나의 몸에게도 감사한다. 행복하게 살아온 사람들은 공통적으로 자기 자신에 감사하고 있으며, 그것을 확장해 주면 다른 사람들에게 고마움을 느꼈고, 마침내 세상에게 감사하며 인생을 즐기고 있었다. 우리는 때때로 자신의 몸을 두드리면서 고맙다고 이야기하기를 권하고 싶다.

- 간에게, "간아 고맙다. 어제 술 먹어서 미안해." 라고 말해 보자.
- 다리를 두드리면서, "다리야 고맙다. 그동안 얼마나 고생 많았니? 내가 너무 무리하게 걸어서 미안해." 라고 말해 보자.
- "심장아 고맙다. 스스로 쉬지 않고 뛰어주니 수고 많이 하는구나." 라고 말해보자.

3. 일상생활에도 감사할 일이 많이 있다

우리는 매일 식사 때가 되면 어머니가 차려놓은 밥상에 밥, 채소, 고기 등이 다양하게 있음을 볼 수 있다. 이러한 음식들은 농부들의 수고, 어부들의 노력, 공장에서 식품을 가공하는 분들의 흘린 땀과 수고 덕분으로 음식을 먹을 수 있게 되므로, 식사 때마다 그분들에 대한 감사하는 마음을 가져야 할 것이다. 밖에 나가보면 내가 배고플까봐 여러 곳의 식당들이 문을 열어 놓고 기

다리고 있다. 버스에 올라타게 되면 '감사합니다'라는 소리가
나며 손님을 맞이한다. 또한 우리 생활주변에는 우리의 삶에 도
움을 주는 기관들과 사람들이 많이 있다.

　사람의 병을 치료해주는 병원과 의사, 불을 끄고 긴급 환자를
구조하는 119 구조대, 범죄를 예방하고 법질서를 준수토록 노력
하는 경찰관, 거리를 깨끗이 청소하는 환경미화원, 그 밖의 우체
국, 은행, 학교, 도서관, 시장, 공장, 읍, 면 동사무소와 그 곳에서
일하고 있는 사람들은 모두 우리 때문에 수고하고 있음을 명심
하고 항상 감사한 마음을 가져야 한다. 때로는 '시련이 감사의
마음을 시험하기위해 존재 한다'는 말이 있다. 따라서 부정적인
것도 긍정적으로 바꾸어 생각해 보면 감사할 일이 생긴다.

- 무례한 손님을 대할 때, 고객이 있기 때문에 나의 보수를 받
  을 수 있고, 고객이 있기 때문에 상점의 이익을 추구할 수 있
  으니 고객에게 감사하게 대해야 한다.
- 꾸중하는 직장 상사와 야단치는 부모나 학교 선생님도 나에
  대한 애정이 있어 나를 잘 되게 한다고 생각하며 감사한 생
  각을 가져야 한다.
- 어린 자녀가 말을 듣지 않거나 반항을 하면 그건 자녀가 가출
  하여 거리에 방황하지 않고 집에 잘 있다는 것에 감사하자.
- 세탁하고 다림질해야 할 일이 산더미처럼 많다면 그건 나에

게 할 일과 입을 옷이 많다는 것에 감사하자.
- 닦아야 할 유리창과 고쳐야할 화장실이 있다면 그건 나에게 편히 쉴 수 있는 집이 있다는 것에 감사하자.
- 누군가 나에게 경우에 맞지 않게 행동할지라도 그 사람으로 인하여 나 자신을 되돌아 볼 수 있게 함을 감사하자.
- 어느 누군가를 그리워 보고파함도, 그를 그리워 가슴 아리는 사랑의 슬픔도 모두 다 내가 살아있기에 누릴 수 있음에 감사하자.
- 사람으로부터 오해 받고 비난 받은 일에 대해서도 감사하자. 비난은 나의 약점과 실수를 진지하게 돌아보고 반성하는 겸손한 계기가 되기 때문이다.

우리는 가족 찾기 방송과 183일 동안 방영된 이산가족 찾기나 남북 이산가족 상봉 장면을 보면서 우리는 이산(離散)의 설움 없이 온 가족과 친척들이 정답게 살아가고 있음에 감사드리며, 나는 지금 이 시간에 컴퓨터 키보드를 두드려 원고를 작성하면서, 한글을 창제하신 세종대왕님께 고마움을 느낀다. 배우기 쉽고, 쓰기 쉽고, 스마트폰, 휴대폰, 타자기, 컴퓨터 등 여러 기구들을 그 어느 나라 보다 빠르고 편리하게 활용할 수 있으니 그 얼마나 감사한 일인가!

감사 학습하기

미국의 유명한 토크쇼의 여왕인 오프라 윈프리, 그녀는 걸핏하면 "우리 주변에는 감사해야할 일이 아주 많으며 그것들을 매일 기록해야한다."고 주장한다. 경제잡지 〈포브스〉의 조사에 의하면 그녀의 자산은 14억 달러에 이른다. 그런데 그녀는 그 재산을 갖기 훨씬 전 불우했던 어린 시절부터 감사하는 일을 찾아내는 습관을 들였다고 한다. 감사는 학습과 연습을 통해 습관화할 수 있다고 한다.

우울에 빠졌던 샌디 서먼은 감사학습을 위하여 〈감사 노트〉사용법을 익혀 부정적인 삶의 나락에서 빠져나오는데 큰 힘이 되었다고 한다. 매일매일 그날 일어난 일을 세 가지만 추려서 그 가운데 감사할 일을 하나 결정해서 다음과 같은 양식으로 노트에 메모하는 일을 꾸준히 실천하였다.

예)　　　　　　　〈감사 노트〉

　　　　　년　　　월　　　일

① 나는 ……………………………에 대해 감사한다.

② 그 이유는 ……………………………이다.

③ 그리고 ……………………은 내게 중요 하다.

　왜냐하면 ……………………이기 때문이다.

감사 노트를 쓰는 것이 부담스러우면, 매일 감사한 일을 세 가지만 적어보자. 감사하는 생활이 습관화될 것이다. '감사 노트'는 지나간 과거에서 벗어날 수 있도록 우리를 인도한다. 수많은 사람들이 '감사 노트'를 통해 자신의 삶에서 행복을 찾았다고 한다. 성경에서도 "항상 기뻐하라, 쉬지 말고 기도하라, 범사에 감사하라"는 구절이 있듯이 고도원은 "최고의 감사는 범사(凡事)에 감사하는 것입니다. 범사에 감사하는 것은 모든 것에 감사하는 것이고, 모든 것에 감사한다는 것은 가장 작은 것에도 감사하는 것이며, 도저히 감사할 수 없는 것까지도 감사하는 것입니다. 진정한 감사는, 도저히 감사할 수 없는 일에조차 감사할 줄 아는 것입니다. 그것이 행복의 근원입니다." 라고 말하고 있다.(고도원, 《감사노트》, 나무생각 참조)

일본의 세계적인 부호이자 사업가이며 '내셔날' 상표의 창업자인 마쓰시다 고노스케가 아흔넷의 나이로 운명하기 전에 다음과 같은 감동적인 말을 남겼다.

"나는 세 가지 하늘의 은혜를 입고 태어났다. 가난 속에 태어났기 때문에 부지런히 일하지 않고서는 잘 살수 없다는 진리를 깨달았으며, 또 약하게 태어난 덕분에 건강의 소중함도 일찍이 깨달아 몸을 아끼고 건강에 힘써 지금 아흔이 넘었어도 30대의 건강으로 겨울철 냉수마찰을 한다네, 또 초등학교 4학년을 중퇴했기 때문에 항상 이 세상 모든 사람을 나의 스승으로 받들어,

배우는데 노력하여 많은 지식과 상식을 얻었다네, 이러한 불행한 환경이 나를 이만큼 성장시켜 주기위해 하늘이 준 시련이라고 생각되어 늘 감사하고 또 감사하며 살았다네."

마쓰시다 고노스케의 성공은 치명적인 시련이 있다는 것은, 신(神)께서 그것을 극복하라는 '지혜'를 선물로 주신 것으로 믿고, 항상 감사와 끊임없는 노력으로 얻은 결과인 것이다.

감사는 나를 낳아 길러주신 부모님과 가르쳐주신 스승님, 가장 가까운 가족에서부터 친구와 이웃, 그리고 사소한 모든 존재들에게도 감사를 표현함으로써 행복한 가정으로, 서로 나누는 사회로, 점차 변화될 것이다. 날마다 5분 만이라도 삶의 축복에 감사한다면, 자신의 삶은 더욱 풍요로워지고 세상은 더욱 행복해질 것이다. 우리가 지금 이렇게 살아서, 감사할 수 있음을 감사하자. 감사하면 할수록 감사가 충만 되어 가는 은혜로운 기적을 더 많이 체험하며 살아갈 수 있기를 기도해 보자. 감사의 보석들이 많이 박힌 가슴과 가슴으로 서로 만나 진정 감사로 넘쳐나는 세상, 매사에 감사하며 사는 세상을 소망해본다.

소욕지족少欲知足

'물속의 물고기가 목말라 한다.'
풍요 속에 살고 있으면서 만족하지 못하는 오늘의 사람이 불행한 사람이다.
행복의 비결은 필요한 것을 얼마나 갖고 있는가가 아니라
불필요한 것에서 얼마나 자유로워져 있는가이다.

부처님께서는 생의 마지막 가르침을 남기신 〈유교경(遺敎經)〉에서 다음과 같이 법문을 남기셨다. "욕심이 많은 사람은 이익을 구하는 것이 많기 때문에 고뇌도 많고, 욕심이 적은 사람은 구하는 것이 없기 때문에 근심 걱정도 적으며 두려움이 없고, 하는 일에 여유가 있어 마침내는 말끔히 사라진 해탈의 경지에 들게 되는데 이것을 '소욕(少欲)'이라 한다. 만약 모든 고뇌에서 벗어나고자 한다면 먼저 만족할 줄 알라. 넉넉함을 아는 것은 부유하고 즐거우며 안온(安穩)하다. 그런 사람은 맨땅 위에 누워 있을지라도 편안하고 즐겁다. 그러나 만족할 줄 모르는 사람은 부유한 것 같지만 사실은 가난하고, 만족할 줄 아는 사람은 가난한 것 같지만 사실은 부유하다. 이것을 가리켜 '지족(知足)'이라 한다."

현대 물질문명에 사로잡혀 끝없는 욕구 속에서 불만을 호소하는 우리들에게 참으로 긴요한 법문이며, 자기의 분수에 맞는 삶에 자족(自足)할 줄 아는 지혜가 담긴 교훈인 것이다.

〈아함경〉에 나오는 '소욕지족(少欲知足)' 즉 '적은 것과 작은 것으로 만족할 줄 알아야한다'는 뜻으로, 우리가 누리는 행복은 크고 많은 것보다, 작은 것과 적은 것 속에 있다. 오늘날 우리들은 어디를 가나 물질의 홍수에 떠밀려 살다보니 정작 간직해야할 작은 것을 아끼고 소중히 할 줄 아는 그 정신마저 잊어버리고 있다. 그래서인지 우리들은 많은 것을 갖고 있으면서도 만족할 줄 모르고 고마워할 줄도 모르고 귀히 여길 줄도 모른다. 그리고 항상 모자라고 목말라하며 더 큰 것, 더 많은 것, 더 좋은 것을 향해 구멍 난 욕망의 주머니를 채우는 일에 아까운 시간을 낭비하고 있다.

우리 보다 적게 가지고 모자라면서도 여유롭게 살았던 선조들의 삶의 여백(餘白)이 아쉬워지는 오늘이다. 적은 것으로 만족할 줄 아는 즉 '소욕지족'의 지혜를 배워야한다.

그러나 현대인들은 행복의 기준을 남보다 많고 큰 것을 차지하고 누리는데 두려고 한다. 수십 억짜리 저택에 또 몇 억짜리 자동차에, 몇 억짜리 무슨, 무슨 회원권을 지녀야 성에 차 한다. 그러나 적거나 작은 것을 가지고도 고마워하고 만족할 줄 안다면 그는 행복한 사람일 것이다.

노자(老子)는 〈도덕경〉44장에서 "지족불욕(知足不辱) 지지불태(知止不殆) 가이장구(可以長久)"라고 했다. 만족할 줄 알면 욕되지 않고, 그칠 줄 알면 위태롭지 않아 오래도록 누릴 수가 있다는 뜻으로, 자신의 삶에 만족할 줄 알고 제때에 그만둘 줄 아는 사람은 자리에, 권력에, 물질에 매이지 않는다. 그래서 더욱 당당하고 자유자재로 자기의 온전한 인생을 즐길 수 있다. 그게 행복한 삶일 것이다.

노자는 "죄악 중에서도 탐욕보다 더 큰 죄악은 없고, 재앙(災殃) 중에서도 만족할 줄 모르는 것보다 더 큰 재앙이 없으며, 허물 중에서도, 욕망을 다 채우려는 것보다 더 큰 허물은 없다"고 했다. 죄악이라는 것이 무엇인가? 분수에 지나친 욕망인 탐욕에서 온다. 그래서 경전(經典)에서는 탐욕이 생사의 근본적 해독(害毒)이라는 것이다. 탐욕은 자기 분수 밖의 욕심이다. 노자는 뒤이어 말한다. "넉넉할 줄 알면 항상 풍족하다."라고 했다. 결국은 만족하면서 살라는 것이다. 또한 〈경행록〉에 이르길 "지족가락 무탐즉우(知足可樂 務貪則憂)" 즉 만족함을 알면 즐거울 것이요, 탐하기를 힘쓰면 곧 근심이 된다는 의미를 담고 있으며, 이와 유사한 사자성어로 "지족자(知足者) 빈천역락(貧賤亦樂) 부지족자(不知足者) 부귀역우(富貴亦憂)" 만족함을 아는 사람은 가난하고 천하여도 또한 즐거울 것이요, 만족함을 모르는 사람은 부유하고 귀하여도 역시 근심한다는 뜻으로, 만족하며 살아가야함을 깨우쳐주고 있다. 노자는 '지족자부(知足者富)'라고 했다.

만족할 줄 아는 이가 부자라는 뜻을 담고 있다. 만족할 줄 아는 것은 하나의 행복이다. '지족(知足)'과 뜻이 유사한 '안분지족(安分知足)'이라는 말이 있다. 자기의 분수에 만족하여, 다른 데에 마음을 두지 않는 상태일 때를 말한다. 편안한 마음으로 제 분수를 지키며, 만족하며, 살아가는 사람을 보고 안분자족하는 사람이라고 말할 수 있을 것이다. 사람은 항상 자신이 가진 것에 감사하고, 만족하기보다는, 욕심을 부리고 자신이 갖지 못한 것을 갖고 싶어 하는 욕망이 있기 때문에 불행하게 된다. 그러므로 내가 갖지 못한 것을 마음에 품고, 욕심 부리며 살기보다는 안분자족하며 감사하며 살아가는 것이 삶을 보다 행복하게 살아갈 수 있는 방법일 것이다. 또한 《논어》 '선진편'에 '과유불급(過猶不及)'이란 사자성어가 나온다. 이는 공자가 한 말로 '지나친 것은 미치지 못한 것과 같다'는 뜻으로 인간이라면 누구나 욕심이 있기 마련이다. 자기가 가지지 못한 것을 가지고 싶어 하고 필요 이상의 것을 갖고 싶어 하는 욕심을 갖고 있다. 하지만 지나친 것은 미치지 못한 것과 같다는 '과유불급'이라는 용어가 의미하는 것을 항상 가슴에 담고 지나친 욕심 없이 자기 분수에 맞는 삶을 영위해 가야 할 것이다. 우리나라 불교계에서 존경을 받고 있는 석주(昔珠) 큰 스님의 가르침 중에서 널리 알려진 것으로 '오유지족(吾唯知足)'이 있다.

"나는 오직 만족할 줄 안다."

(吾) (唯) (知) (足) 또는 '자기 스스로 만족할 줄 알아라.'

'쓸 데 없는 욕심을 버려라.', '모름지기 자신의 분수를 알고 적은 것(少欲)으로 만족할 줄 알아야 모든 사람이 고루 행복해진다.'는 뜻이다.

'오유지족(吾唯知足)'이란 남과 비교하지 않고 오직 자신에 대해 만족하라는 가르침이다. 네 글자를 입구(口)를 중심으로 하여 아래, 위, 좌우로 한꺼번에 묶으면 참으로 묘한 글씨로 그림과 같이 부적 모양으로 재현해 볼 수 있다.

오늘날 우리 인간의 욕심은 끝이 없다고 한다. 하나를 얻고 나면, 다른 하나를 갖고자 한다. 항상 모자라는 듯하고, 언제나 불평이고 어디를 돌아 봐도 남보다 못한 것만 보일 수 있다. '오유지족'의 마음으로 이것을 극복해야 한다.

인간의 끝없는 욕심을 경계하여 자기의 분수에 맞는 삶을 자족(自足)할 줄 아는 지혜가 담긴 교훈적인 그릇으로써 '계영배(戒盈杯)'라는 술잔이 있다.

'계영배'는 과음을 경계하기 위하여 술이 일정한 양에 이르면 저절로 새어 나가도록 만든 잔으로 일명 절주배(節酒杯)라고 한다. 더 채우려고 해도 도저히 채울 수 없는 신비의 잔이다. 일정한 한도, 즉 70%가 차면 술이 새어 나가도록 만든 잔으로 오늘날 '계영배'를 통한 교훈은, 넘치면 곧 아무것도 없는 것과 같이 인간의 과욕을 경계해야 한다는 것을 깨우쳐주고, 자기의 분수에 맞는 삶에 만족할 줄 아는 지혜가 담긴 그릇으로써 풍요로운 물질문명 속에서 자신의 욕심만 채우려다가 모든 것을 잃고 후회하는 사람들에게 더할 수 없는 교훈이 아닐 수 없을 것이다.

조선 후기 거상(巨商) 임상옥이 곁에 두어 끝없이 솟구치는 과욕을 다스렸다는 이야기로 유명해진 '계영배'는 원래 고대 중국에서 과욕을 경계하기위해 만들었으며 제나라 환공이 늘 곁에 두고 마음을 다스렸으며, 공자도 항상 곁에 두어 과욕과 지나침을 경계했다고 하니 인간의 욕심이 화(禍)의 근원임은 예나 지금이나 다르지 않음을 알 수 있다.

과욕을 경계하는 그릇으로 '의기(欹器)'가 있다. '의기'는 한쪽으로 비스듬히 기운 그릇으로 노나라 환공(桓公)이 좌우(座右)에 두고 그릇이 주는 교훈을 곱씹었다고 한다. 이 그릇은 비면 기울고, 중간쯤 차면 바르게 서고, 가득 차면 엎어진다. 바로 여기서 중도에 서서 과욕을 부리지 않고 바른 판단을 내리라는 교훈으로 삼았다. 사람들은 가득 차 엎어지기 직전인데도 욕심 사납게 퍼 담기만 한다. 그러다가 한순간에 뒤집어져 몰락한다.

지만계영(持滿戒盈)! 가득 찬 상태를 유지하고 싶은가〔持滿：지만〕 넘치는 것을 경계하라(戒盈). 더 채우려 들지 말고 더 덜어내라.

공자께서는 어느 날 환공(桓公)의 사당을 구경했다. 사당 안에 있는 '의기'를 보고서 그릇의 신기함에 감탄했다고 한다. 그의 제자 자로(子路)가 물었다,

"지만(持滿), 즉 가득 참을 유지하는 데 방법이 있습니까?" "따라내어 덜면 된다." "더는 방법은요?" "높아지면 내려오고, 가득차면 비우며, 부유하면 검약하고, 귀해지면 낮추는 것이지, 지혜로워도 어리석은 듯이 굴고, 용감하나 겁먹은 듯이 한다. 말을 잘해도 어눌한 듯, 많이 알더라도 조금 밖에 모르는 듯이 해야지, 이를 두고 덜어내어 끝까지 가지 않는다고 말한다. 이 방법을 행할 수 있는 것은 지덕(至德)을 갖춘 사람뿐이다."라고 했다.

지족(知足)에 대한 이야기는 동양뿐만 아니라 그 밖의 여러 나라에서도 많이 논의 되고 있다. 인도의 위대한 시인 까비르는 이렇게 노래 한다.

"물속의 물고기가 목말라한다는 말을 듣고 나는 웃는다." 물속의 물고기가 목말라 한다니, 이는 풍요 속에 살고 있으면서 이에 만족하지 못하고 있는 인간을 빗대어 하는 노래다. 까르비는 이어서 "너는 왔다가 가는 한 사람의 나그네, 재산을 모으고 부(富)를 자랑 하지만 떠날 때는 아무것도 갖고 가지 못한다. 너는 주먹을 쥐고 이 세상에 왔다가 갈 때는 손바닥을 펴고 간다."는 노래로 인간의 과욕과 집착에서 벗어나, 자신의 삶을 절제된 아름다움으로 가꾸어 나가기를 빌었다. 《월든》의 작가 소로우의

생활신조를 한 마디로 표현한다면 "간소하게, 간소하게 살라! 제발 바라건 데 그대의 일을 두 가지나 세 가지로 줄일 것이며, 백 가지나, 천 가지가 되도록 하지 말라. 자신의 인생을 단순하게 살면 살수록 우주의 법칙은 더욱 명료해질 것이다. 그때 비로소 고독은 고독이 아니고 가난도 가난이 아니게 된다. 그대의 삶을 간소하고 간소하게 하라! 만족함을 알고 있는 자는 진정 부자이고 탐욕스러운 자는 진실로 가난한 자이다."라고 했다.

프랑스 문학의 거장 발자크는 "인생의 거대한 풍랑(風浪)속에 직면했을 때, 우리는 세차게 몰아치는 폭풍우 속에서 육중한 화물을 바다 속으로 내던져, 배의 중량을 줄이는 선장의 행동을 본받아야 한다."고 말했다.

여기서 발자크가 말한 화물은, 아마도 사람들의 과도한 욕망을 비유적으로 표현했다고 본다. 사람이 살아가면서 부딪치는 여러 가지 복잡한 삶의 문제, 특히 입신공명(立身功名)을 위한 과욕을 충족시키려고 정도(正道)를 걷지 않으면, 결국은 일을 그르치고 자신의 명예를 훼손시키게 된다는 뜻이다.

옛 선현(先賢)들의 "물이 차면 넘치고 달이 차면 기운다."라는 말처럼 사람의 처세방법도 과욕을 버리고 작은 것을 갖고도 만족함을 알고 살아야한다.

'지지지지(知止止止)' 그침을 알아 그칠 때 그치는 지혜를 지녀야 한다.

우리는 '지족(知足)'의 철학을 배워야한다. 자기의 생활에 만족할 줄 알아야 행복을 추구할 수 있다. 인간의 욕심에는 한이 없다. 자기의 분수에 지나친 욕망을 과욕(過慾)이라하고, 자기의 분수에 맞지 않는 욕망을 허욕(虛慾)이라고 하고, 자기의 분수를 망각한 욕망을 탐욕(貪慾)이라고 한다.

'지족장위리 소욕종무루(知足將爲利 少欲終無累)', 만족할 줄 아는 것이 장래를 이롭게 하며, 적은 욕심은 마침내 허물이 없는 것이다. 만족을 아는 사람은 비록 가난해도 부자로 살 수 있고 만족을 모르는 사람은 많이 가졌어도 가난하다.

자신의 인생을 불행하게 느끼느냐, 행복하게 느끼느냐는 소유의 문제가 아니라 지혜의 문제이다. 슬기로운 사람은 남들이 불행하다고 생각하는 조건 속에서도 만족함을 발견해내고 어리석은 사람은 남들이 부러워하는 조건 속에서도 눈물을 흘린다고 한다. 남들이 보잘 것 없다고 여길지라도, 나의 일에 만족을 느끼면서 열심히 할 수 있는 일을 갖는다는 것은 행복한 일이다. 러시아의 시인이자 소설가인 푸쉬킨이 쓴 〈황금물고기〉는 욕심이 어리석음을 일깨워주는 재미있는 동화로 널리 알려져 있다. 어부생활을 한지 30년 하고 3일째 되는 날 물고기를 잡으러 나간 어부 할아버지가 황금색 물고기를 잡았다. 황금 물고기가 어부할아버지에게 살려주면 소원하는 것을 다 들어 주겠다고 애

원하여, 할아버지는 황금 물고기를 살려주었다.

집에 있던 욕심쟁이 할머니는 황금 물고기에 대한 할아버지의 이야기를 듣고서는 화를 내며 물고기에게 소원을 말 하라고 재촉함으로 할머니 성화에 못 이겨 바닷가에 나가니, 황금물고기가 나와 할머니가 시킨 대로 부서진 빨래 통을 새로 만들어 줄 것을 부탁하니 들어주었다. 빨래 통에 만족 못한 할머니는 멋진 통나무로 지은 집 한 채를 원하여, 할아버지는 황금물고기를 만나 통나무집의 소원을 이루었다. 할머니는 얼마 뒤에 다시 큰 성에 사는 귀족 마님을 원했고, 이 소원도 이루게 되었다. 그러나 할머니의 욕심은 이에 그치지 않고 이번에는 여자 황제의 자리를 원했고 이 소원도 이루어지게 되었다. 이번에는 지상의 왕은 물론 바다의 용왕이 되고 싶다고 하며 할아버지를 바닷가로 내보내서 황금 물고기에게 이 소원을 말하게 하니, 황금 물고기는 아무 말 없이 바닷물 속으로 들어가 버렸다.

착하디착한 할아버지가 터덜터덜 집으로 와보니 화려한 성은 흔적이 없고, 여 황제였던 할머니는 다시 초라한 할머니가 되어 예전의 쓰러져가는 오두막 집 마당의 망가진 빨래통 위에 앉아 있었다. 할머니의 지나친 욕심으로 허망한 종말을 보여주는 동화이다.

이처럼 인간의 욕심은 한도 끝도 없는 듯하다. '소욕지족(少欲知足)'이라는 사자성어가 뜻하는 바와 같이 적은 것과 작은 것에서 만족하면서 제 분수에 맞게 살아가는 삶의 슬기를 찾아야 할 것이다.

법정스님은 《무소유》란 책에서 "무소유란 아무 것도 갖지 않는 것이 아니라 불필요한 것을 갖지 않는다는 뜻이다." 라고 했다. 행복의 비결은 필요한 것을 얼마나 갖고 있는가가 아니라 불필요한 것에서 얼마나 자유로워져 있는가 하는 것이다. '위에 견주면 모자라고 아래에 견주면 남는다.' 라는 말이 있듯이 행복은 결코 많고 큰 것을 소유하는 데 있는 것이 아니다. 작고 적은 것을 가지고도 고마워하고 만족할 줄 안다면 그는 행복한 사람일 것이다. 법정 스님은 "연꽃은 자신이 감당할만한 빗방울만 싣고 있다가 그 이상이 되면 미련 없이 비워버린다."고 하였다. '감당할 수 있는 만큼만 가져라. 버리지 않고서는 얻을 수 없다.' 는 교훈을 연꽃은 우리에게 말해준다.

오늘날 우리는 이전에 비해 얼마나 풍요롭게 살고 있는가?

그러면서도 정신적으로 얼마나 궁핍한가. 20~30년 전 우리는 연탄 몇 장만 들여놓아도, 쌀 몇 되만 가지고도 행복할 수 있었다. 그러나 지금은 그보다 훨씬 많은 것을 차지하고 살면서도, 그러한 행복을 누릴 수 없다.

그것은 필요한 것과 불필요한 것을 가릴 줄 모르기 때문이다. 우리는 필요에 따라 살되 욕망에 따라 살지 말아야 한다.

〈법구경〉에서는 "뿌리가 깊이 박힌 나무는 베어도 움이 다시 돋는다. 욕심을 뿌리 채 뽑지 않으면, 다시 자라 괴로움을 받게 된다. 탐욕에서 근심이 생기고 탐욕에서 두려움이 생긴다. 탐욕에서 벗어나면 무엇이 근심되고 무엇이 두려우랴."고 했다. 사람들이 탐욕을 가지게 되는 것은 '부족감' 때문이라 할 수 있다. 자신에게 많이 없다고 느끼는 만족감의 결여에서 탐욕은 시작된다. 사람이 사람답게 살기 위해서는 작은 것과, 적은 것으로도 만족할 줄 알아야 한다. 그러나 우리는 모두가 크고 많은 것을 추구한다. 그러다 보니 늘 갈증 상태에 놓여 있다. "소유물은 우리가 그것을 소유하는 이상으로 우리 자신을 소유해 버린다."고 법정스님은 말한다.

소유에 집착하면 그 집착이 우리의 자유를 묶어 버린다. 우리의 소망은 풍부하게 소유하는 것이 아니라, 자신의 분수를 알고 적은 것과 작은 것에 만족할 줄 아는 '소욕지족(少欲知足)' 하는 삶의 슬기를 배워가는 것이다.

자기를 이기자〔克己〕

인간 최대의 승리는 내가 나를 이기는 것이다.
우리의 마음속에는 선과 악이 부단히 싸우고 있다.
그것은 양심과 욕심과의 싸움이요 본능과 이성의 대결이요,
義로운 나와 不義의 나와의 싸움이다

　'극기(克己)'의 사전적 의미는 '자기의 감정이나 욕심 따위를 이성적인 의지로써 눌러 이김'으로 기술하고 있다. 플라톤은 "인간 최대의 승리는 내가 나를 이기는 것이다."라고 표현하고 있듯이, 인간의 삶의 과정에서 자기의 욕구나 감정을 자기 의지로써 싸워 이겨나가는 것은 참으로 어려운 일이다. 생즉쟁(生即爭), 산다는 것은 싸우는 것이다. 우리는 살면서 싸우고, 싸우면서 산다고 할 수 있다.

　인생의 삶의 과정에 많은 유혹이 도처에서 기다리고 있고, 허다한 함정과 넘어지기 쉬운 걸림돌이 있다. 견물생심(見物生心), 좋은 물건을 보면 가지고 싶은 욕심이 생기고, 아름다운 여인을 보면 유혹하고 싶고, 돈을 보면 눈이 어두워지기 쉽다.

인간은 명예 앞에 흔들리고, 권력 앞에 무너지고, 향락 속에 빠지기 쉽다. 옛 사람은 '황금흑사심(黃金黑士心)'이라고 하였다. 황금은 선비의 마음을 시커멓게 만든다는 뜻이다. 최영장군은 "황금을 보기를 돌 같이 하라"고 했다. 중국의 고전인 '대학《大學》'에서는 "소인한거위불선(小人閑居爲不善), 소인(小人)은 시간의 여유가 있으면 좋지 않은 것을 한다."라고 했다. 인간의 마음은 선에 물들기보다 악에 물들기 더 쉽다. 나의 마음속에는 언제나 선한 마음〔良心〕과 악한 마음〔貪慾〕이 함께 존재한다. 나는 내 마음속에 있는 악한 마음인 적(敵)과 부단히 싸워야 한다. 내가 나하고 싸워야 하는 싸움은 나와의 약속을 지키기 위한 싸움이며, 선을 위한 싸움이다. 선한 싸움은 우리 스스로가 참된 자기, 착한 사람, 올바른 사람이 되기 위하여 싸우는 도덕적 싸움이며, 비양심적인 나, 탐욕한 나를 이성적 의지로 싸워 이기기 위한 싸움 즉 극기(克己 - 자기를 이김)를 위한 싸움이어야 한다.

내가 부지런한 사람이 되려면 게으른 자기와 싸워야 한다. 착한 자기가 되려면 악한 자기와 싸워야 한다. 용감한 자기가 되려면 나약한 자기와 싸워야 한다. 담배 피우기를 끊으려면 담배 피우고 싶어 하는 자기 마음과 싸워 이겨야 한다. 마약을 끊으려면 마약을 가까이 하려는 마음과 치열하게 싸워 이겨야 하고, 도박을 끊으려면 도박하려는 마음과 싸워야 한다. 어린 학생들이 밤낮을 가리지 않고 스마트폰이나 컴퓨터를 이용하여 게임놀이를 하지 못하게 하려면, 게임놀이를 해서는 안 된다는 자기 마음과 싸워야 하거나, 컴퓨터 게임보다 더 마음을 끌 수 있는 다른 일에 흥미를 갖고 몰입할 수 있게 해야 할 것이다. 공원에서 예쁜 꽃을 보면 몰래 꺾어서 가져가고 싶고, 백화점에 값비싼 물건을 보면, 갖고 싶은 욕구가 일어나고, 어려운 일을 만나면 포기해버리고 싶고, 무서운 암에 걸려 절망해버리고 싶을 때, 우리는 내 마음 속에 있는 착한 마음인 양심과 강인한 인내심으로, 탐욕과 나약한 마음과 싸워 이를 극복해야 한다. 암을 극복한 사람, 에베레스트 정상을 정복한 등산가, 마라톤 42.195km를 완주한 운동선수 등은 모두 극한상황(極限狀況)에서도 자기와 싸워 어려움을 이겨낸 사람들이다. 안병욱교수는 자기와의 싸움을 평생 동안 가장 진지하게 싸운 대표적인 인물로서 '사도 바울'을 들고 있다. 사도 바울은 이렇게 말했다. "내가 선(善)을 행하고자 할 때에 악(惡)이 아주 가까이 있다는 것이 한 법칙임을 내가 깨달았노라." "내가 원하는 선은 행하지 아니하고 내가 원치 않는 악을 행하는 도다. 나는 불쌍한 사람이로다. 누가 이 죽음의 몸에서 나를 건져주리오." 바울이 쓴 〈로마서〉 7절에는 영(靈)과 육(肉), 선과 악, 이(利)와 의(義), 본능(本能)과 양심(良心)의 갈등 속에서 치열하게 악전고투한 바울의 내적 투쟁이 박진감 넘치게 그려져 있다. 그는 죽기 전에 다음과 같이 썼다.

"나는 선한 싸움을 다 싸우고 달려갈 길을 다 달려가고 믿음을 지켰다." 그는 의(義)와 진리를 갈구(渴求)한 진지한 구도자(求道者)의 대표적 인물 중 한 사람이다. 앞으로 모든 사람이 일생 동안 선한 싸움을 열심히 싸워야 한다. 이러한 자기와의 선한 싸움을 하지 않으면 인간은 추(醜)하고 타락한 사람이 된다. 선한 싸움을 열심히 싸우면 그 사람의 인격 수준이 높아져서 선인(善人)이 되고 의인(義人)이 된다. 우리는 남을 이기기는 쉽다. 그러나 자기를 이기기는 참으로 어렵다. 노자(老子)는 "승인자유력 자승자강(勝人者有力 自勝者强), 남과 싸워 이기는 사람은 그 사람보다도 강할 뿐이다. 그러나 자기와 싸워 이기는 사람은 가장 강한 사람이다."라고 했다.

나를 이기는 자가 인생의 진정한 용사이다. 남에게는 이겨도 자기 자신에게는 지는 사람이 세상에 그 얼마나 많은가! 중국 명나라의 사상가 왕양명은 "파산중적역 파심중적난(破山中賊易 破心中賊難), 산 속에서 만나는 도적은 격파하기 쉽지만 내 마음 속의 도적은 물리치기 어렵다." 내 마음 속에 일어나는 사심(邪心)과 사리사욕(私利私慾)을 이긴다는 것은 참으로 어려운 일이다. 세상에 극기(克己)처럼 어려운 것이 없다. 자기를 이기려면 강해야 한다. 의지가 약한 자는 자기를 이길 수 없다. 우리는 극기 훈련을 하여 자기의 정신력을 강화해야 한다. 성철스님은 "천하에 가장 용맹스런 사람은 남에게 질 줄 아는 사람이다."고 했다. 가장 큰 승리는 자신을 이기는 것이다. 이 승리는 한 도시를 점령하는 것보다 어렵다. 남에게 지기 위해서는 먼저 자신에게 이기지 않으면 안 되기 때문에, 남에게 질줄 아는 사람이 가장 용맹스럽다 했다. 공자의 가르침에서 유래된 '극기복례(克己復禮)'란 말이 있다. 이는 자기 욕망, 감정을 이겨내고 사회적 법칙인 예(禮)를 따른다는 뜻이다. 논어의 안연(顔淵)편에 나온다. 공자가 말하기를 "자왈 극기복례 위인(子曰 克己腹禮 爲仁), 나를 이기고 예(禮)로 돌아감이 인(仁)이 된다. 일일극기복례 천하귀인언(一日克己復禮 天下歸仁焉), 하루라도 나를 이기고 예로 돌아가면 천하가 인(仁)으로 돌아간다." 공자는 '극기'를 욕망, 감정을 이겨내고 예로 돌아가기를 중시했으나, 오늘날 우리가 의미하는 '극기'는 금욕주의, 극기운동 등을 중심으로 주로 쓰이고 있다. 또한 〈근사록(近思錄)〉에서 주자는 '정기위선(正己爲先)'을 주장한다. 이는 '내가 나를 바로잡는 것을 제일 먼저 하여라.'는 의미를 담고 있다. '정기(正己)란 내가 나를 바로 일으켜 세우는 것이요 자기 확립이다. 우리는 정기를 인생의 제일 과제로 삼고 자기를 갈고 닦는 일에 전심해야한다. '정기(正己)'와 비슷한 말로 '자승최현(自勝最賢)'이란 말이 나온다.

이는 '스스로를 이기는 것이 최고' 라는 뜻으로 전쟁터에서 많은 적과 싸워 이기기보다 자기 하나를 이기는 이가 더 훌륭한 승리자요, 자기 자신을 이기는 일은 남을 이기는 일 보다 위대한 것이니, 항상 자신을 억제하고 절제하는 사람이 되라는 것이다.

이율곡은 19세때 〈자경문(自警文)〉을 지어 이를 좌우명으로 삼아 스스로 자기를 채찍질하며 학문에 정진하였다.

　인류가 현재에 이르기까지 생존해 오는 동안 수많은 유혹과 함정에서 벗어나지 못하고 패가망신한 일들을 우리는 자주 접할 수 있다.

　분노를 참지 못하여 살인을 하고, 어려움을 이겨내지 못하여 자살을 하고, 여자의 미색(美色)에 빠져 성폭행을 하며, 돈에 눈이 어두워 도둑질을 하거나, 불량 음식물을 판매 하는가 하면, 일부 고위공직자들의 뇌물 수수, 부정부패 등은 모두 자기 마음속에 있는 양심 대 탐욕의 싸움, 선과 악의 대결, 이(利)와 의(義)의 갈등, 본능과 이성의 마찰, 현실적 자기와 이상적 자기와의 투쟁에서, 선한 자기가 악한 자기에게 패배한 비참한 결과인 것이다.

　특히 귀중한 자기 생명을 버리는 자살행위는, OECD(경제개발협력기구)국가 중 우리나라가 그 빈도가 가장 높다고 한다. 어린 학생에서부터 대기업 회장, 대학총장, 시장, 유명한 여배우, 뛰어난 운동선수에 이르기까지 많은 이들이 절망에 빠져 자살로 일생을 마감하는 게 오늘 우리의 현실이다.

　자살은 절망에서 헤어나지 못하고 죽어버리고자 하는 자기 마음과 자살하지 말아야 한다는 자기 마음과의 갈등에서 자살하고자 하는 마음이 승리한 결과이다. 특히 한강에 투신자살하는 사람이 많아서 이를 예방하기 위하여 다음과 같은 글이 게시되기도 하였다고 한다.

"차가운 물속에서 숨이 끊어질 때까지 받을 고통의 시간은, 살아서 고통을 받는 시간보다 수천 배 수만 배 더 길다!"

자살을 예방하기 위하여 만든 영화도 있다. 감독 압바스 키아로스타미가 만든 영화 '체리 향기'에서 주인공 바디가 수면제를 먹고 누워 죽음을 기다리는 동안 자신의 몸 위로 흙을 덮어줄 사람을 찾아나서는 이야기로, 돈을 많이 준다 해도 아무도 그의 제의에 동의하지 않았다. 그런데 한 노인이 그의 제의를 수락하고 자신이 살아온 이야기를 바디에게 들려 준다.

그 이야기 중에 이런 이야기가 있었다. "예전에 목매달아 죽기 위해 줄을 매려고 나무에 올라간 적이 있소, 그런데 나무에 달린 체리가 눈에 띄어 무심결에 먹어보니 너무나 달더군, 그래서 계속 먹어보니 문득 세상이 너무 밝다는 게 느껴졌소, 붉은 태양은 찬란하게 빛나고 하교하는 아이들의 웃음소리는 너무도 행복했지, 그래서 아이들에게 체리를 던져주고 나무를 내려왔소." 바디는 노인의 이야기를 들으며 불현듯이 삶에 대해 강한 애착을 느꼈다고 한다.

법정스님은 "세상에서 가장 좋은 벗은, 나 자신이며 가장 나쁜 벗도 나 자신이다. 나를 구할 수 있는 가장 큰 힘도 나 자신 속에 있으며, 나를 해치는 가장 무서운 칼도 나 자신 속에 있는 것이다. 이 두 가지 자신(自身) 중 어느 것을 쫓느냐에 따라 나의 운명은 결정된다.”라고 말했다.

“인간 최대의 승리는 내가 나를 이기는 것이다.”라고 플라톤이 말한 바와 같이 자기를 이긴다는 것은 참으로 어려운 것이다. 오늘날 여러 나라에서는 청소년 수련원을 비롯한 보이스카우트(BS), 걸스카우트(GS)와 해병대와 각 군부대에서 극기 훈련을 실시하고 있는 것은 자기와의 싸움에서 자기를 이겨 나가기 위한 신체적, 정신적 무장을 튼튼히 하기 위함이다. 자기의 감정이나 욕구를 자기의 이성적 의지로 눌러 이겨야 하는 선한 싸움인 극기야말로 우리 모두 일생을 두고 힘써 나가야 할 필수 과제이다. 이러한 ‘의지(意志)’란 절제, 억제, 자제, 금욕을 의미하며 이와 더불어 올바른 가치관 정립과 자신을 사랑하는 마음이 밑받침이 되어야 할 것이다. 우리 모두 ‘극기(克己)’를 통하여 자기 마음에서 악을 몰아내고 정의와 양심이 살아 숨 쉬는 자기 자신과 사회를 위하여 노력해야 할 것이다.

2부
보람 있는
삶

느림의 미학

인생은 속도가 아니라 방향인 것, 그것은 동향도 서향도 아닌
내향(內向)이다. 곧 인문학적(文, 史, 哲…) 인프라이다.
시계보다 나침반을 보며, 영혼이 숨 쉴 수 있게 서두르지 않고
내적 평온을 찾아 살아가자.

　우리는 '빠름'과 '속도'의 가치가 중시되는 현대사회에서 매일 시간에 쫓기며 살아가고 있다. 빠른 것이 미덕인양 모든 것을 빨리 끝내려하고 시간을 단축하는 것이 최상의 목표가 되어버린 듯한 시대에 살고 있다. 이런 '빠름'은 능력과 동일시되고 반면에 '느림'은 게으름이나 무능력처럼 여겨지고 있다. 산업과 문명의 발전, 기술의 진보, 생산성 향상, 정보화(전자상거래) 등의 사회적 특성 속에서 알게 모르게 '속도의 노예'가 되어버림으로써 속도는 능률이자, 중요한 상품적 가치로 평가되고 있다.

　빠른 자동차와 빠른 컴퓨터가 선호되며 대부분의 사람들의 생활도 빠른 속도에 길들여지고 있다. 일찍 일어나고, 일찍 출근하고, 일도 빨리 빨리 하고, 식사도 단시간에 마친다. 빠른 일처리

는 일을 잘하는 것으로 인정받는다. 이러한 사회에서 사람들은 다른 사람과의 속도 경쟁에서 뒤지게 되면 스트레스를 받거나 심한 경우에는 좌절감을 느낀다.

물론 빠른 것이 좋을 때가 있다. 단시간에 많은 일을 처리하거나 높은 생산성의 기록은 경제적이고 경쟁에서 이기게 된다. 올림픽의 많은 종목에서 빠름은 금메달로 이어진다. 빠른 식사나 일처리는 개인적으로 활용할 수 있는 보다 많은 시간을 갖게 된다. 하지만 빠른 속도가 모든 여건이나 상황에서 좋은 것만은 아니다. '빠름'과 '얼른 철학'은 종종 부작용을 낳기 때문이다. 우리들은 그동안 지나치게 현재의 삶에 몰입하여 쉴 줄(쉼표)을 모르고 급하게 결론(마침표)을 내어 좌절하기 일쑤다.

이는 과정(過程)이 무시되고 성급히 '대박'이라는 결과만 노리는 등 모두가 '속도의 삶'에 치중한 탓이다.

옛날엔 숙고형(熟考型)의 인간이 바람직하게 보였으나, 오늘의 스피드 시대에는 자꾸만 그런 사람이 평가절하 되고 있다.

속도의 삶에 도취하여 '느림'의 미학(美學)을 상실한 현대인에게 《느림》이란 작품으로, 사회 병리(病理)를 신랄하게 비판한 체코의 작가 Milan Kundera는 현대인을 '달리는 오토바이 위에 몸을 구부리고 있는 모습'에 비유한다. 오토바이에 타고 있는 사람은 오직 제 현재 순간에만 집중할 뿐이다. 굉음(轟音)을 내며 달리는 오토바이 위에 앉아서, 자신이 언젠가 죽음의 위협 속에 빠질 수 있다는 사실을 잊어버리고 스스로 '속도(速度)'만을 생각한다.

'인생은 속도가 아니라 방향(方向)인 것', 그것은 동향(東向)도 서향(西向)도 아닌 내향(內向)이다. 곧 인문학적 인프라 문, 사, 철(文, 史, 哲)이다.

서둘러서는 안 되는 일

심리학에서는 '성격 성숙(性格成熟)'의 기준으로 '만족 연기(滿足延期)'를 들고 있다. 이는 만족 하고자 하는 욕구를 연기하거나 장기적 안목을 말한다. 그 예로 오늘의 쾌락(快樂)을 참고 저축해서 앞날을 기약하거나, 선반 위의 과자를 먹고 싶다고 당장 덥석 먹었다가 나중에 어머니의 꾸지람을 받지 않고, 참았다가 어머니 오신 뒤에 허락을 받고 먹는 것 등을 말한다. 세상에는 서둘러서 되는 일이 있고 서둘러서는 안 되는 일이 있다.

서둘러서 되는 일을 서두르지 않는 것은 나태(懶怠)함이다. 그러나 서둘러서는 안 되는 일을 서두르는 것은 경망(輕妄)함이다.

술은 술밥을 오래 담가 놓아야 술이 된다. 콘크리트는 적어도 10일 정도 양생(養生)의 기간이 있어야 단단히 굳는다. 콩나물을 빨리 키우려고 성장촉진제를 사용하거나, 소를 보다 짧은 기간에 키워 시장에 출하하기 위해 성장호르몬을 먹이고, 초식동물에게 양(羊)의 내장으로 만든 사료를 먹이거나 술 담근 것을 서둘러 뚜껑을 열어보거나, 일층 콘크리트가 굳기도 전에 급하다고 2층을 올리면 재난은 어김없이 찾아온다.

아무리 급해도 바늘허리에 실을 매어 바느질 할 수는 없다.

단기주의 '얼른 철학'의 재난(災難)들

서두르는 것은 해야 할 일에 전력투구하고 여념 없이 일한다는 점에서는 장점이다. 빈둥빈둥 하는 둥 마는 둥 하는 버릇보다는, 더 말할 나위 없이 생산적이다. 그러나 우리가 얼른 빨리 서두르는 단기주의(短期主義) 입장에 선다면 온갖 재난이 따라온다. 전국 도시 곳곳에 수도관을 묻는다고, 다음엔 전선을 묻는다고, 그 다음에는 하수도를 묻는다고, 같은 곳을 몇 번이고 파냈다 다시 덮었다 하는 경우를 자주 봤다. 서울의 3호 지하철 공사 때도 도로가 크게 무너진 사고가 있었고, 그것이 개통하던 날 64곳에서 물이 새들어 왔다고 한다. 또한 빨리 서두르다가 독립기념관 화재도 났다. 자연의 흐름을 거스르는 유전자조작 종자의 공급은 환경에 재앙을 낳았고, 사망사고의 주범인 교통사고의 상당 부분은 차량의 과속에 기인한다. 요즘 들어 늘어나고 있는 과로사(過勞死)도 '빨리 빨리'의 부작용이다. 공기(工期)를 단축한 부실 건설공사의 붕괴사고는 수많은 인명과 재산을 앗아갔다. 식사 시간을 단축하는 패스트 푸드는 비만, 환경재해, 가정해체의 결과를 초래하고 있다. 해외여행에서 외국인들이 한국인들의 성향을 지적할 때, 가장 많이 거론하는 말이 '빨리 빨리'이다. 한국 관광객들이 많이 찾는 나라에 가면 현지 가이드나, 상인들도 쓸 정도로 유명한 말이다.

'욕속이부달(欲速而不達)'이라는 말과 같이 서두르면 일을 성취할 수 없다. 우리는 과학의 천재나 수재를 빨리 얻으려고 과학고등학교, 과학기술대학 등을 급조하여 운영할 생각은 하지만, 보다 넓게 긴 안목으로 초등학교부터 기초과학교육을 활성화할 생각은 하지 않는다.

올림픽에 금메달 따야겠다고 선발한 선수의 강훈(强訓)은 하지만, 보다 장기적 안목으로 전학생의 학교체육, 전 국민의 생활체육은 생각하지 않는다. 이것 또한 '欲速不達'이 될 것이다.

느림의 아름다움

세상에는 느림이 더 좋은 경우는 적지 않다. 칼이나 낫을 갈 때도 빨리 날을 세우면 그 날은 빨리 무디어 진다. 그러나 느리게 날을 세우면 그 칼이나 낫의 날은 오래 가고, 오래 사용할 수 있다.

마라톤을 할 때에도 처음부터 빠른 속도로 달리면 곧 지쳐서 오래 달릴 수 없다. 사랑도 마찬가지다. 대부분의 경우 빨리 맺어진 사랑은 빨리 시든다. 반면 오랜 기간 동안 맺어진 사랑은 오랫동안 지속된다.

따라서 만사에 느긋하게 기다릴 것은 기다리면서 길고 넓은 시야를 가져야 한다. 100m 경주만 아니라 40여 km의 마라톤을 뛰는 지혜와, 한두 수 앞 밖에 못 보는 바둑 초심자가 아니라 열 수, 스무 수 앞을 볼 줄 아는 고수(高手)다운 경륜(經綸)을 생각해야 할 것이다.

돈도 쉽게 빨리 번 돈은 빨리 없어지고 어렵게 그리고 느리게 번 돈은 오랫동안 남아있는 법이다. 프랑스에는 100년, 200년 되는 포도주가 있다. 100년 후 자기가 마실 것도 아니고 자기가 팔아서 돈을 벌 것도 아닌 것을! 일본에서는 300년을 가업(家業)으로 이어온 '오뎅집'이 있는가하면 독일에는 200년 이상 유지되어온 중소기업이 1,500개나 있다. 대만에 있는 고궁박물관을 가보면 3~4代의 오랜 기간을 걸쳐 정밀하게 만든 조각 작품들을 보면 그 사람들의 장기적 안목과 꾸준함, 그리고 기다림의 여유를 느낄 수 있다. 오늘날 노르웨이, 프랑스, 미국, 영국을 비롯한 선진국들은 'Slow TV' 프로그램 시청을 좋아하고 있다.

그 예(例)로 기차여행 풍경만을 7시간 방영하는가 하면, 노르웨이 공영방송국 NRK는 뜨개질 전문가가 직접 양털을 깎아 실을 만들고 뜨개질하는 장면을 8시간 30분 동안 방영하거나, 벽난로에서 장작 타는 모습을 12시간 동안 방송하기도 했다. 전범수 한양대 교수는 "슬로 TV는 자극적인 것에 노출돼 곤두선 신경과 감각을 이완시키고 편안하게 만들어준다. 사람들이 그 점을 매력적으로 느끼는 것 같다"고 했다. 유럽에는 요즘 다운시프트(Down shift) 족이 늘어나고 있다. '다운시프팅'이란 삶을 간단명료하게 만드는 것, 생활의 패턴을 여유롭게 바꾸어 여가를 즐기고, 경쟁과 속도에서 벗어나 여유 있는 자기만족적 삶을 추구함을 의미한다. 현대사회에서 느림은 우리에게 필요한 미덕 중의 하나이다. 느림은 우리 사회의 도처에 자리하고 있는 빨리빨리의 부작용과 병폐를 치유한다. 무엇보다 느림은 우리를 인간답게 살게 한다. 느림은 남을 제치고 자기만 아는 경쟁적인 삶에서 벗어나, 남들과 더불어 사는 삶을 가능하게 한다. 근래 들어 우리나라에서도 느림의 순기능(順機能)을 인식하고 느림에 관심을 기울이는 사람들이 점차 많아지고 있다. 느림을 실천하기 위하여 '청산도'를 비롯하여 전국 곳곳에 '슬로우시티(Slow city) 운동'이 확산되고 있다. 이는 '느리게 살기 미학'을 추구하는 도시를 가리킨다. 빠른 속도와 생산성만을 강요하는 빠른 도시(Fast city)에서 벗어나 자연, 환경, 인간이 서로 조화를 이루며 여유롭고 즐겁게 살자는 취지에서 시작되었다. 프랑스의 사회학자 피에르 쌍소는 《느리게 산다는 것의 의미》라는 책에서 "인간의 모든 불행은 고요한 방에 앉아 휴식할 줄 모르는 데서 온다"는 파스칼의 말을 인용하여 '느리게 사는 삶'을 주장하고 있다. 여기서 '느림'은 게으름이 아니라 삶의 길을 가는 동안 자기 자신을 잃어버리지 않고 조금 천천히 가더라도 인생을 바로 보자는 의지이다. 느림을 실천하기 위해 걷는 모임이 생겨나고, 자동차 대신에 자전거를 이용하는 사람도 늘어나고 있다. fast-food에 반대하는 slow-food 운동에도 관심이 높아지고 있다. 이는 식사시간에 서로 정답게 대화를 하며 음식물의 색, 냄새, 모양, 맛을 음미하며 감사한 마음으로 천천히 식사를 즐김을 의미한다. '느림의 미학'은 초고속 디지털 전자문명(電子文明)시대에 느림이 갖는 자기 충만, 영혼의 자유해방, 감성의 열림과 같은 정신적 가치이다. 느림의 향유는 단순 소박한 삶을 지향한다.

한가롭게 거닐며 자연의 부름에 자기를 맡기고, 기다리고 또 기다리며 미래의 지평을 향해 마음을 여는 태도가 필요하다. 자연은 서두르는 법이 없다. 지구와 달은 아주 미세한 느림으로 꾸준하게 자신의 궤도를 지키며, 때가 되면 정확하게 뜨고 지며 서두르지 않는다. 도종환의 글 〈꽃은 소리 없이 핀다〉에서 "꽃은 소리 없이 핀다. 고요한 속에서 끊임없이 움직이며 핀다. 꽃은 서두르지 않는다. 조급해 하지 않으면서, 그러나 한 순간도 멈추지 않는다."고 표현하고 있다. 우리는 꽃으로부터 서두르는 법이 없이 피는 자연의 이치를 배울 수 있다. 또한 꽃과 채소를 키워보면 기다림과 느림에 대한 깨우침을 얻을 수 있다. 나팔꽃을 보려면 3개월을 기다려야 한다. 느티나무를 심어 그늘을 즐기려면 최소한 10년 이상을 기다려야 한다. 우리가 느리다고 여기는 것은 실은 우주와 자연의 정상적인 속도다.

우리가 인생을 좀 더 여유 있게 살려면 자연의 이치에서 배워야 한다. 현대인은 너무 시간에 쫓겨 살다 보니 자연의 아름다움을 느끼지 못하고 삶의 의미를 얻지 못하고 있다. 그동안 일에 끌려 다니며 앞만 보고 달려왔을 뿐, 정작 우리가 무엇을 향해 어디로 가고 있는지, 바쁘게 무비판적으로 살아가는 현대인의 삶에서 자연을 관조(觀照)하고, 영혼이 숨 쉴 수 있게 서두르지 않고 내적 평온(平穩)을 찾아야 한다. '시계 보다 나침반을 보라!'는 말이 있다. 무조건 바삐 움직이는 것, 무조건 앞으로 나가는 것이 중요한 것이 아니라, 어느 방향으로 가느냐가 중요하며 느림 속에서 자신이 원하는 대로, 보다 즐겁고 삶의 의미를 추구하며 살아가는 지혜를 찾아야 한다. 혜민 스님은 그의 저서 《멈추면 비로소 보이는 것들》에서 "나를 둘러 싼 세상이 참 바쁘게 돌아간다고 느낄 때, '지금 내 마음이 바쁜 것인가, 아니면 세상이 바쁜 것인가'를 한 번 멈추고 지금 내가 왜 바쁜지를 물어보라"고 했다. 이는 세상을 탓하기 전에 자기 마음의 렌즈를 바르게 닦고 보면, 대부분 자기 마음이 바쁨을 만들어 내고 있음을 시사해 주고 있다.

우리들은 아직도 느림의 미덕을 누리지 못하고 빨리 빨리의 생활에 젖어있다. 빨리 빨리를 통해 시간을 아끼고 있지만, 더 시간이 부족하다.

빨리 빨리는 더 빨리를 요구하고 있기 때문이다. 길도 곡선이 더 여유 있고 아름답다. 꼬불 꼬불한 산길은 아직도 아름다운 자연의 여유와 감동을 선사해 주고 있다. 중부고속도로로 재빨리 달리는 것 보다, 박달재가 있는 예전의 도로로 느릿 느릿 가는 것이 훨씬 더 여유롭지 않을까!

우리가 보다 인간적인 삶을 살려면 인간성을 외면한 속도 경쟁에서 벗어나 느림의 미덕을 받아들이고 느림을 실천하는 지혜가 필요하다.

우리는 그동안 시간적 깊이의 성찰과 감정, 회한(悔恨) 같은 여유롭고 근원적인 감수성은 소홀시(疏忽視)하고, 스스로 빠른 삶에 몰두하여 모든 가치가 속도에 종속(從屬)되는 현상을 초래하였다. 최근에 벤 페이지 입소스모리 최고경영자는 영국 일간지 '가디언'에 "급속한 세계화의 진전으로 불평등 확대에 대한 불안감이 커지면서 느리고 단순화한 생활에 대한 동경이 확산하고 있다"고 밝혔다. 앞으로 우리는 자유로운 시간 속에 '느림의 삶'으로, 인간의 참다운 정체성과 삶의 의미를 찾아야 한다. 나만의 시간을 내서 발걸음이 닿는 대로, 풍경이 부르는 대로, 나를 맡기며 한가로이 걷는 습관을 가져야 한다. '나는 누구인가? 어디로 가고 있나?'

자신과 많은 대화를 시도해야 한다. 느린 삶은 신중성(愼重性)과 차분함, 인내, 바라봄(觀望), 여유와 감상(鑑賞)을 허용한다.

행복은 원래 느리게 오는 것, 삶의 속도를 늦추자. 유럽 Austria Tyrol지방의 인사말은 '여유를 가집시다.'라고 한다.

'느림의 삶'은 마침표(.) 가 아니라 쉼표(,)를 찍어야할 것이다!

조금 느리게 가는 것뿐이라고 마음을 다잡으면 또 다른 힘을 길어 올릴 수도 있다. 아무리 앞서서 달려가는 사람이라도 다 지구 안에 있을 터이니 크게 보면 '그것 모두' 같은 지구 안에서 같은 시간대를 살다가 비슷할 때에 돌아갈 것이다. 토끼와 거북이의 경기에서 거북이가 보여준 느림의 미학(美學)처럼.

사람들은 바쁘게 앞으로만 달릴 때 보이지 않던 것이, 잠시의 여유를 찾을 때 비로소 볼 수 있다. 일상의 바쁜 걸음을 잠시 멈춰보자. 그리고 앞만 보지 말고 간혹 뒤를 돌아보자. 그러면 보이지 않던 것을 만날 수도 있다. 그 속에는 상처 입은 사람, 소외 당한 사람, 건강하지 못한 사람, 도움이 절실한 사람들이 있지 않을까?

물의 교훈과 혜택

상선약수(上善若水),
가장 아름다운 인생은 물처럼 살아가는 것.

물은 공기와 함께 우리에게 없어서는 안 되는 존재라고 할 수
있다.

우리 몸속의 약 70%가 물로 되어있다고 한다. 물은 산소와 수
소의 결합물이며 천연(天然)으로는 도처에 바닷물, 강물, 지하수,
빗물, 수증기, 눈, 얼음 등으로 존재한다. 지구의 지각이 형성된
이래 물은 고체, 액체, 기체의 상태로 지구 표면적의 4분의 3을
차지하고 있을 정도로 인간 생활과 밀접한 관계를 갖고 있다. 인
류 문명 발상지도 모두 황하 강, 인더스 강, 티그리스 강, 유프라
데스 강, 나일 강 유역에서 형성되어 왔다. 노자(老子)는 인생을
살아가는데 최상의 방법은 물처럼 사는 것이라고 역설하였다.
물처럼 살다가 물처럼 가는 것이 인생이라는 말을 들으면, 상선

약수(上善若水)라는 노자의 《도덕경》구절이 떠오른다. '상선약수'
란 가장 아름다운 인생은 물처럼 사는 것이란 뜻이다. 노자는 물
이 무서운 힘을 가지고 있으면서도 겸손하고, 부드러운 표정으
로 흐르는 물의 진리를 배우라는 것이다.

첫째, 물은 유연하다.

살아있는 물은 멈추지 않고 늘 흐른다. 물은 네모진 곳에 담으
면 네모진 모양이 되고 세모진 그릇에 담으면 세모진 모양이 된
다. 뿐만 아니라 뜨거운 곳에서는 증기로 변하고 차가운 곳에서
는 얼음이 된다. 이렇듯 물에는 자기 고집이 없다. 자기를 내세
우지 않고 남의 뜻에 따른다.

단단한 돌이나 쇠는 높은 곳에서 떨어지면 깨어지기 쉽다. 그
러나 물은 아무리 높은 곳에서 떨어져도 깨지는 법이 없다. 물은
모든 것에 대해 부드럽고 유연한 까닭이다. 저 골짜기에서 흐르
는 물을 보면, 그 앞에 있는 모든 장애물에 대해서 스스로 굽히
고 적응함으로서 줄기차게 흘러 드디어 바다에 흐른다.

둘째, 물은 무서운 힘을 갖고 있다.

물은 평상시에는 골이 진 곳을 따라 흐르며 식물을 키우고 목
마른 동물들의 갈증을 풀어 준다. 그러나 한번 용트림 하면 바위
를 부수고 산을 무너뜨린다. 물은 무서운 에너지를 저장하고 있
다. 한 방울 한 방울 떨어지는 물이 바위에 구멍을 뚫고 쇠붙이

도 물속에서는 부식된다. 해마다 장마철이 되면 물은 참 무섭다. 물이 한번 휩쓸고 지나가면 아무것도 남겨두지 않는다. 그래서 동서양을 막론하고 물은 심판의 한 증거로 받아들여지곤 하였다. 성경에 나오는 '노아의 방주' 이야기가 그렇고, 우리나라의 '장사못 전설' 등도 대홍수로 인한 참상을 배경으로 하고 있다. 또한 중국의 사상가 노자는 물의 예를 들어 '유승강(柔勝强)'의 진리를 역설하고, 물은 약한듯하면서도 강하다고 했다.

셋째, 물은 낮은 곳으로 흐른다.

물은 항상 낮은 곳으로만 흐른다(居善地). 낮은 곳으로, 낮은 곳으로 흐르다가 마침내 도달하는 곳은 드넓은 바다이다. 물은 타오르는 불처럼 아래서 위로 올라가지 않는다. 물은 항상 자신을 겸손하게 낮춘다. 항상 위에서 아래로 자신을 낮추지만 사실 아니 올라가는 곳이 없다.

산꼭대기 봉우리에도 저 드높은 푸른 하늘 꼭대기에도, 물은 수증기와 구름이 되어 안 가는 곳이 없다. 모세관작용을 통해, 기화작용(氣化作用)을 통해, 훨훨 타오르는 불구덩이까지 없는 곳이 없다. 자신을 항상 낮추면서도 무소부재(無所不在 omnipresence)한 신(神)의 능력을 과시하고 있는 것이다. 물이 자신을 낮춘다 함은, 자신을 비하(卑下)시킬 줄 아는 것이다. 비하시킨다함은 남들이 싫어하는 저 더러운 수채 구멍, 시궁창에 까지 아니 감이 없는 것이다.(處衆人之所惡)

넷째, 물은 남과 다투거나 경쟁하지 않는다.

물의 이미지에서 가장 중요한 것은 '부쟁(不爭)'이다. 부쟁 (Denial Of competition)의 이미지가 자신을 낮추며 흐른다는 것이다. 그러다가 암석을 만나도 암석과 다투지 않고, 암석의 자리를 차지하려 하지도 않는다. 점잖게 스윽 비켜지나갈 뿐이다. '부쟁 (不爭)'의 철학은 언뜻 보면 소극적인 삶의 방식 같지만 자세히 보면 특별한 의미를 가지고 있다. 물은 만물을 길러주지만 자신의 공을 남과 다투려하지 않는다는 것이다.

다섯째, 물은 만물을 이롭게 한다.

'수선이만물(水善利萬物)', 물은 만물을 이롭게 해준다. 즉 다투지 않으면서도 가는 곳 마다 모든 것을 이롭게 한다는 것이다. 물이 없으면 모든 생명은 살 수 없다. 물은 생명의 근원이다. 물이 없으면 땅도 갈라지고 농작물이 타 죽는다. 그러나 물이 흐르게 되면 어느 곳이나 생명이 소생한다.

물이 있으면 모든 생명이 춤춘다. 사막에서 물 한 방울처럼 우리에게 고마운 것이 어디 또 있으랴! 물은 'H$_2$O'라는 화학물질이 아니고, 바로 생명 그 자체이다. 중국의 사상가 왕양명(王陽明)은 '수오훈(水五訓)'을 말하였다. 이는 물이 우리 인간에게 주는 다섯 가지 가르침을 의미한다.

1) 물은 자정타정(自靜他靜)과 청탁포용(淸濁包容)한다

물은 스스로 맑으려 하며, 다른 것의 더러움을 씻어 준다. 또 맑고 더러움을 가리지 않고 받아들인다. 물은 맑지 않으면서 다른 이의 더러운 것 까지 받아들여 맑게 만드는 힘을 가지고 있다. 그래서 사람이 이런 물의 마음만큼만 될 수 있다면 득도(得道)의 경지에 들었다고 할 수 있다고 하였다.

'심여수(心如水)' 인생을 살아가는데 마음을 항상 물과 같이 하고 물처럼 살아가라는 가르침이다.

2) 물은 계속 정진 한다

물은 항상 자기가 나아갈 길을 찾아 멈추는 일이 없다. 그 앞에 바위가 놓여 있든 높은 언덕이 가로막혀 있든 가다가 흐름을 멈추는 물줄기는 없다. 앞에 물길을 막고 있는 것의 틈새를 반드시 찾아내어, 그 사이를 찾아 흐르거나, 안 되면 앞에 놓여있는 것의 둘레를 에돌아서라도 아래로 내려간다.

바다로 가는 물줄기, 강줄기의 그 수 없는 곡선들은 어떻게든 자기의 길을 멈출 수 없던 물의 몸짓과 걸어온 흔적이기도하다. 우리도 물의 '계속정진'의 특성을 본받아 자기들의 희망과 인생 목표를 포기하지 말고 최선을 다하여 정진(精進)해 나가야 할 것이다.

3) 물은 장애를 돌파 한다

물은 장애를 만나면 그 세력을 몇 배로 한다. 그래서 물의 힘을 인위적으로 막으려 해서는 안 된다는 것이다. 물줄기를 막아놓은 둑이나 저수지, 댐은 물의 수위가 높아지면 아래로 물을 흘려보낸다. 물이 넘치도록 그냥 내버려두면 터져버리기 때문이다. 인간의 삶 또한 그렇다. 한 사람의 불평이든, 다수 군중의 원성의 폭발이든 막아두고 덮어두려고만 하면 고인 물처럼 터져버린다는 것이다. 그럼으로 남을 다스려야 하는 직장 상사, 기업의 고위직, 고위공무원, 정치인들은 항상 주위 사람들의 여론과 요구, 불만 사항을 파악하여 이의 신속한 해결에 전력해야 할 것이다.

4) 물은 변화무쌍과 불변자존(不變自存)한다

물은 넓은 바다를 채우고, 비가 되고 구름이 되고 얼음이 되기도 하지만, 그 성질을 바꾸지 않는다. 비가 되든, 얼음이 되든, 본래 자기의 성질을 잃지 않는 물에서 우리 인간이 어떤 모습이어야 하는가를 배운다. 우리는 어디에 어떤 지위에 있든 자기의 평상심을 잃지 않는 것이 인간의 진실된 모습일 것이다.

5) 물은 자력타동(自力他動)한다

물은 스스로 움직여 다른 것을 움직인다. 물은 언제나 생명체로서 살아 움직인다. 그래서 그 속에 살아있는 것들을 키우고 그 곁에 온갖 풀과 나무와 생명체들을 살아 움직이게 한다. 스스로 살아 움직여 다른 것을 살아 움직이게 하는 이 힘은 스스로 타올라 모든 것을 불타 죽게 만드는 불의 속성과는 너무도 다르다. 물의 또 다른 중요한 모습은 평형작용(平衡作用)이다.

물은 흘러가면서, 높은 것을 깎아내고 낮은 것을 돋아준다. 물은 평형의 상징이다. 물은 어느 곳, 어느 상태에서든지 수평(水平)을 지향한다. 이러한 물의 이미지가 노자에게 있어서는 사회적 평등관(平等觀)의 이미지와 결부되어있다. 이러한 수평의 지향은 항상 공정하게 모두에게 만족을 의미하며, 일정한 기준과 원칙을 지켜가는 삶을 살아가라는 교훈으로 삼아야 한다.

또한 물은 흘러가다가 푹 파인 곳이 있으면 피해서 가지 않고 잠시 머뭇거리다가 그 곳을 물로 채워주고 다시 흘러간다. 그래서 물은 시간이 걸리고 힘이 들어도 고루고루 가득 채워주고 가기 때문에, 배려하고 고루 나누며 살라는 가르침으로 삼아야 할 것이다. 노자는 물처럼 다투지 말고 겸손하고 만물을 이롭게 살라고 하면서 물의 정신을 시(詩)처럼 읊고 있다.

물은 낮은 곳으로 임한다(居善地:거선지), 물은 연못처럼 깊은 마음을 가지고 있다(心善淵:심선연), 물은 아낌없이 누구에게나 은혜를 베푼다(與善仁:여선인), 물은 신뢰를 잃지 않는다(言善信:언선신).

물은 세상을 깨끗하게 해 준다(正善治:정선치), 물은 놀라운 능력을 발휘한다(事善能:사선능), 물처럼 산다는 것, 어쩌면 세상의 변화와 한 호흡으로 사는 자연스러운 인생의 방법이라고 할 수 있다. 물은 갈 길을 찾아서 쉬지 않고 낮은 곳을 향해 흘러간다. 또 모든 더러움을 씻어주는 것이 물이며 활활 타는 불을 꺼주는 것도 물이다. '해불 양수(海不讓水)'라는 말이 있다. 바다는 강물을 물리치지 않는다는 뜻이다. 물은 깨끗한 물이라고 해서 환영하고 더러운 물이라고 해서 물리치지 않는다. 물은 그 어떤 환경을 구분하지 않고 자기에게 오는 모든 물은 다 받아드린다. 그리고 자기 안에서 정화를 시켜 나간다. 우리는 모든 사람의 갈증을 풀어주는 물처럼, 모든 생명체의 생명이 되어주는 물과 같이, 물이 주는 교훈을 본받아 인생을 살아가야 할 것이다.

지금, 오늘을 사랑하자

어제는 부도난 수표다. 내일은 약속어음이며 오늘이야 말로 유일한 현금이다.
내가 헛되이 보낸 오늘은
지난 날 죽어가는 이가 그렇게 살고 싶어 했던 내일이다.

　톨스토이는 '세 가지 질문'에서 "세상에서 가장 중요한 때는
바로 지금 이순간이고, 가장 중요한 사람은 지금 함께 있는 사람
이며, 가장 중요한 일은 지금 내가 하는 일"이라고 말했다. 또한
버스카 글라이는 "우리가 가진 모든 것은 우리 앞에 놓인 지금
이 순간뿐이니 좋든 나쁘든 과거를 되뇌거나 불확실한 미래를
공상하며 지금 이 순간을 허비하지 말라"고 충고하였다. 우리가
과거나 미래의 일만 생각한다면 그 순간부터 가장 중요한 현재
의 진정한 생활을 잃어버리게 된다. 과거는 언제나 현재라는 강
물을 타고 미래를 향해 자신의 의미(意味)를 흘러 보낼 뿐이다. 과
거의 슬픔에 젖어 현재를 보지 못하거나 허황된 미래를 꿈꾸며
현재를 외면하는 것은 아주 어리석은 사람만이 하는 행동이다.

유명한 가톨릭 영성(靈性)상담가인 존 포엘은 자신의 거울 아래 다음과 같은 글을 써놓고 거울을 볼 때 마다, 자신에게 읽어준다고 한다. "당신은 오늘 당신의 행복을 책임질 사람의 얼굴을 보고 있다." 행복한 사람은 미래를 위해 살지 않는다.

오늘 행복해야 내일도 행복한 것을 모르고, 매일매일 내일의 행복을 위해 살다보니 정작 행복한 오늘은 없었다. 미래에 대한 시선을 거두고 현재에 집중하는 순간 건전한 행복을 발견할 수 있다. 지금이 바로 행복의 순간이다. '여기'가 바로 행복의 장소다. '지금 여기(here and now)'는 우리의 일상생활을 의미한다. 매일 매일 경험하는 평범한 일상에 성스러움이 깃들어 있고 찬란한 의미가 배어있다. 잊지 말자. '오늘'은 당신이 살아온 총결산이며, 당신이 맞이할 미래의 담보다.

당신이 오늘 하루를 어떻게 사느냐가 당신의 과거와 미래를 죽일 수도 있고 살릴 수도 있다. 어떠한 일도 과거 속에서 일어날 수는 없다. 과거의 일도 지금 속에서 일어날 것이다. 어떠한 일도 미래 속에서 일어날 수는 없다. 미래의 일도 지금 속에 일어난 것이다. 어느 호스피스의 말에 의하면 사람이 죽어가면서 마지막으로 하는 세 마디는 "그때 좀 참을 걸, 그때 좀 베풀 걸, 그때 좀 즐겁게 살 걸"이라고 후회했다. 사람들은 말한다. '그 때 참았더라면, 그 때 잘 했더라면, 그 때 알았더라면, 그 때 조심했더라면' 훗날엔 지금이 바로 그 때가 되는데, 지금은 아무렇게나 보내면서 자꾸 그 때만을 찾는다. 오늘이야말로 유일한 현금이다. 현명하게 사용하라.

어제는 이미 과거 속에 묻혀있고 미래는 아직 오지 않은 날! 우리가 살고 있는 날은 바로 오늘, 우리가 소유할 수 있는 날은 오늘 뿐. 오늘을 사랑하자! 오늘처럼 중요한 날도 없다. 어제의 미련을 버리고 오지도 않은 내일을 걱정하지 말자. 우리의 삶은 오늘의 연속이다.

오늘이 30번 모여 한 달이 되고, 오늘이 365번 모여 일 년이 되고, 오늘이 30,000여 번 모여 일생(一生)이 된다. 좋은 하루를 보내는 것이 곧 좋은 일생을 만드는 것이다. 아! 오늘 하루가 얼마나 소중한가? 영국의 유명한 사상가인 토맛 카라일(Thomas carlyle)이 〈오늘〉이라는 시에서 강조한 바와 같이 '오늘은 영원(永遠) 속의 오늘이다.'

오늘은 다시 오지 않는다. 오늘은 여러 번 있는 것이 아니다.

영원 속에서 오직 한 번 있을 뿐이다. 우리는 오늘을 사랑하고 오늘의 의미를 깨닫고, 오늘을 열심히 살아야 한다. 미국의 시인 에머슨은 이렇게 말했다. "하루하루가 인생에서 가장 좋은 날이라는 것을 잊지 말라. 오늘이 최고의 날이다." 이 세상에서 가장 중요한 시간이 현재라는 시간이다.

과거는 이미 지나가 버린 시간이다. 과거의 나의 행동이 쌓여서 현재가 되었고 현재의 나의 행동이 나의 미래를 결정한다. 현재처럼 중요한 시간이 없다. 현재를 사랑하자. 지금 공부하고 있다면, 공부하는 일에 심혈(心血)을 기울여야 한다. 지금 청소를 하고 있다면, 청소하는 일에 정성을 쏟아야 한다. 지금 자동차 운전을 하고 있다면, 한 눈 팔지 말고 운전하는 일을 열심히 하여야 한다. 우리 생활에서 가장 중요한 것은 지금 하고 있는 일에 정성을 다하는 것이다. 이것이 인생을 사는 기본자세이다. 인생의 진리는 항상 가까운데 있다. 《탈무드》에는 "매일 오늘이 그대의 삶의 마지막 날이라고 생각하고, 매일 오늘이 그대의 남은 생(生)의 첫 번째 날이라고 생각하라."고 하였다. 인간은 길게는 100여년을 산다고 한다. 그러나 100년을 산다고 하더라도 한 번에 100년을 사는 것은 아니다. 인간은 하루하루를 살고 있는 것이다. 한 시간 한 시간, 1분 1분을 살고 있는 것이다. 그러므로 하루하루가 전인생인 것이며, 1분 1초가 전인생인 것이다. 오늘이 마지막 날이라고 생각한다면 인간은 그 날을 가장 충실하고 풍성한 열매가 맺히는 날이 되게 하려고 애쓸 것이다. 그리고 오늘이 최초의 날이라고 생각한다면 힘차고 신선한 하루를 보내려고 할 것이다. 내가 헛되이 보낸 오늘은 지난 날 죽어가는 이가 그렇게도 살고 싶어 했던 내일이다. 세상의 돈을 다 주어도 잃어버린 1분은 사지 못한다. 법보전(法寶殿)의 주련(柱聯)에 있는 법문에는 '부처님 계신 곳이 어디인가, 지금 그대가 서 있는 바로 그 자리.' 이 법문의 참 뜻은, 부처님 가르침은 지금 그대가 서있는 바로 그 자리를 떠나 따로 어디서 찾지 말라는 것이다. 종교만이 아니라 우리들의 삶도 바로 지금 이 자리를 떠나서 따로 존재하지 않는다.

그렇기 때문에 바로 지금 이 자리에서 최선을 다해 최대한으로 살 수 있어야함을 일깨워준다. 장영희 전 서강대 교수는 '영미시(英美詩) 산책'이라는 제목으로 일간지에 연재된 시(詩)에, 지금 이 순간을 사랑하는 마음을 담은 글이 나온다. "청춘이 아름다운 것은 이제 곧 사라지기 때문입니다. 봄도 그러하지요. 하지만 봄이 지나고 오는 여름, 가을, 겨울… 어느 계절이든 화려하고 아름답지 않은 계절이 없습니다." 장 교수는 어느 계절도 아름답지 않은 계절이 없고, 매일 매일이 소중한 하루라고 말한다.

"청춘은 아름답습니다. 하지만 되돌릴 수 없는 청춘에 연연하지 않고 지금의 내 계절을 받아들이는 것은 더 아름답습니다." 그리고 우리 삶의 계절 또한 지금 이 순간의 계절이 가장 아름다우니 지나간 시간에 연연할 것 없다고 말한다.

많은 사람들은 자기의 인생이 마치 영원히 계속할 것 같은 마음을 가지고 살아간다. 젊었을 때는 인생이 무척 긴 것으로 생각하나, 늙은 뒤에는 살아온 젊은 날이 얼마나 짧았던가를 깨닫게 된다.

젊음은 두 번 다시 오지 아니하며 세월은 사람을 기다리지 않는다. 오늘은 내 인생의 처음이자 동시에 마지막 날처럼 지금 이

순간과 오늘 하는 일에 성실과 정열을 다 바쳐 살아야한다.

　죽음을 눈앞에 둔 사람이 산 사람들에게 마지막 부탁한 말은 "지금 이 순간을 살라!"고, "삶이 우리에게 사랑하고, 일하고, 놀이하고, 별을 볼 기회를 주었으니까." ('인생수업' 참조). 인생은 단 하루다. 인생을 단 하루처럼 살아가자. 인생은 어제도 아니요, 내일도 아니었다. 인생은 바로 오늘이다. 《대학》에 '구일신(苟日新)이어든, 일일신(日日新)하고 우일신(又日新)하라' 라는 구절이 있다. 이는 '진실로 새로운 삶을 살려면, 나날이 새롭게 하고 또 날로 새롭게 하라' 는 의미를 담고 있다. "어제는 부도난 수표다. 내일은 약속어음이다. 오늘이야 말로 유일한 현금이다. 현명하게 사용하자." (케이 리온스). 하루살이의 삶도 찰나(刹那)의 관점에서 보면 긴 세월이지만, 사람의 한 평생도 무한관점(無限觀點)에서 보면 찰나 같은 삶이다. '일기일회(一期一會)!' 이는 한번은 또 다시 오지 않는다는 의미이다. 천 년, 만 년을 산다 해도 오늘의 이 기회와 인연은 다시 오지 않는다. 그래서 오늘 주어진 일에 최선을 다하라는 가르침이다.

　Carpe diem! '현재를 즐겨라' 나날이 새로운 마음으로, 순간순간을 소중히 하며, 바로 지금, 바로 오늘을 사랑하자. 생의 모든 순간을 사랑하며 살아가는 사람들에게 인생은 어제도 아니요, 내일도 아니었다.

　그들에게는 인생이란 단 하루, 오늘이었다.

시간의 중요성과 효율적인 활용

시간은 시간으로 존재하지 않고 노력의 결실로 존재한다.
나무를 심었다면 나이테 안에 존재하고,
사랑을 심었다면 그대의 마음 안에 존재하고,
운동을 했다면 건강 안에 존재한다.

인생의 성공한 자와 승리자들의 가장 중요한 행동의 특징 가운데 하나는 시간을 사랑하고 시간을 최대한도로 절약하고 효율적으로 활용 하였다는 것이다. 미국 독립선언을 기초한 벤저민 프랭클린은 시간에 관하여 "만일 네가 네 인생을 사랑한다면 네 시간을 낭비하지 말라. 왜냐하면 시간은 인생을 구성하는 요소이기 때문이다."라는 명언을 남겼다. 2014년 8월5일 프란치스코 교황은 베드로 성당 광장에서, 순례여행을 온 독일 청소년 5만여명에게 "인터넷과 스마트폰, TV드라마에 시간을 낭비하지 말라"고 조언했다. 교황은 "우리의 삶은 시간으로 이뤄져 있고, 시간은 신이 준 선물"이라며 "시간은 선(善)하고 유익한 일에 쓰라"고 당부했다. 인생은 시간이요 시간은 인생이다 (Life is time,

Time is life). 우리는 80, 90여년의 인생을 살고 떠나야 하는 나그네다. 영원히 사는 인생이 아니다. 세월은 사람을 기다리지 않고 유수(流水)와 같이 흘러간다. 시간처럼 중요한 인생의 자본은 없다. 인생을 사랑하는 사람은 시간을 사랑하고, 시간을 사랑하는 사람은 인생을 사랑하는 사람이다. 시간을 낭비하는 사람은 인생을 낭비하는 사람이다.

시간 관리

'시간 관리'는 성공으로 가는 데 더 없이 중요하다. 시간 관리를 잘하는 사람은 시간을 밀고 다니지만, 그렇지 못한 사람은 영원히 시간에 쫓겨 다닌다. '시테크(時 Tech)'란 말이 있듯이 시간 관리는 성공 습관의 제1 항목이라 할 수 있다.

효과적으로 자기 삶을 관리하는 사람은 무섭게 시간을 아끼며 산다. 신(神)이 인간에게 준 것 중에서 가장 평등한 것이 시간이요, 또 공짜로 주어지지만 가장 귀한 것이 시간인데 현명한 사람은 시간을 효과적으로 사용하여 성과를 올리고, 그렇지 못한 사람은 삶에 보탬이 되지 않는 방향으로 시간을 낭비 하면서 산다. 하루 30분씩 일찍 일어나거나 1시간 단위로 시간을 쪼개서 사용해 보면 하루가 길어지고 하루에 해낸 일이 더 많아지며, 그 전에 사흘 걸려 하던 일을 하루 만에 해 치울 수 있다.

시간은 돈으로 살 수 없고 팔 수도 없다. 억만금의 돈을 주어도 단 1초의 시간도 사지 못한다. 또한 시간은 저축이 불가능하다. 돈은 은행에 저축했다가 필요할 때 찾아 쓸 수 있으나, Time-Bank 즉 '시간은행'은 없다.

시간은 대차(貸借) 불가능의 자본으로 남에게 빌려 줄 수도 없고 남한테 빌려 쓸 수도 없다. 오늘은 두 번 다시 오지 않는다. 잃어버린 시간은 다시 찾을 길이 없고 회수와 회복이 불가능하며 모든 사람에게 공평하게 분배되어있다. 찰스 다윈은 시간 관리를 철저히 한 사람으로 유명하다.

그의 일과표(日課表)에는 "07:45 아침식사, 08:00~09:30 작업시간, 09:30~10:30 우편물 점검" 등 분(分)단위로 시간관리 계획이 짜여 있었다고 한다. 성공하는 사람의 시간 관리에 대한 노하우(Know-How)는 성공을 향한 열정의 부산물이다. 그렇지 못한 사람은 어떻게든 일을 가장 적게 하면서 지루하게 하루를 보내게 된다.

시간의 중요성과 그 의미

1849년 12월 22일 영하 50도나 되는 추운 날씨에 여남은 명의 사형수가 끌려나왔을 때, 한 청년이 다른 두 사람과 함께 형장의 세 번째 기둥에 묶였다. 사형 집행까지는 5분이 남아있었다. 청년은 이제 5분밖에 남지 않은 시간을 어디에 쓸까 생각했다. 옆 사람들과 마지막 인사를 하는 데 2분, 오늘까지 자신의 삶을 생각 해 보는데 2분, 그리고 남은 1분은 자연을 한 번 둘러보는 데 쓰기로 했다.

그는 옆의 두 사람과 최후의 키스를 나누었다. '거총!' 소리와 함께 병사들이 총을 들었다. 조금만 더 살고 싶은 욕망과 함께 죽음의 공포가 몰려 왔을 때, "사형을 중지하라! 황제가 특사를 내리셨다." 말을 타고 긴급히 달려오는 병사의 고함소리가 들려 왔다. 28세의 나이로 총살 직전에 살아난 사형수는 그 후 사형집 행 직전에 주어졌던 그 5분간의 시간을 생각하며 평생 '시간의 소중함'을 간직하고 살았으며 하루하루, 순간순간을 마지막처 럼 소중하게 생각하며 살았다고 한다. 그 결과 〈죄와 벌〉, 〈카르 마조프의 형제〉 등 수많은 불후의 명작을 발표하여 톨스토이에 비견되는 세계적 문호로 성장하였다. 그 사형수가 바로 도스토 예프스키였다.

이 실화에서 마지막 5분간의 소중함과, 5분 늦게 특사 명령을 갖고 병사가 왔더라면 사형이 이미 집행됐을 것을 생각하면 시 간의 중요성을 절감하게 된다. 또한 우리의 일상생활에서 시간 의 중요성을 느낄 때가 많다.

뇌졸중 환자는 발병 3시간 내에 혈전용해제를 써야 후유증을 없앨 수 있으며, 심장마비의 경우 4분 내에 병원 치료를 받지 않으면 생명이 위험하다고 한다. 우리는 1분 늦은 관계로 차를 놓치거나 지각한 경험이 있으며 1초의 차이로 교통사고를 면했다는 경우도 있다.

시간의 의미와 그 중요성을 미시적(微視的) 관점으로 보면, 사람을 처음 만났을 때의 첫인상을 감지하는 데 0.1초, 호(好),불호(不好)를 인식하는데 0.03초, 사랑의 감정을 느끼는데 0.006초라는 짧은 순간에 인지(認知) 된다고 한다. 우리는 원래 시간을 지구의 자전에 기반 하여 측정하다가 1967년부터는 세슘 원자가 91억9,263만1,770번 진동할 때 걸리는 시간을 1초라고 규정한 이른바 '원자 초'를 세계 각국이 표준시로 쓰고 있다.

세슘원자시계는 30만년에 1초밖에 틀리지 않는 정밀한 시계이다. 하지만 보다 정밀한 시계를 만들려는 인간의 노력은 여전히 현재 진행형이다. 2008년 7월 한국표준과학연구원은 기존의 세슘원자시계 보다 10배나 더 정확한 KRISS-1을 개발해냈다. 그러나 지금 세계에서 가장 정밀한 시계는 현재 미국 표준기술연구소가 내놓은 제2의 '양자논리시계(Quantum logic clock)'이다. 알루미늄 원자를 이용하여 만든 것으로 오차의 범위가 37억년에 1초 밖에 되지 않는 초정밀 시계이다.

1초를 더 쪼개면 1,000분의 1초인 '밀리초', 100만분의 1초인 '마이크로초', 10억분의 1초인 '나노초'가 된다.

인공위성에 달린 시계가 1마이크로초라도 틀린다면, 자동차

네비게이션에 찍히는 목적지 위치가 실제 위치와 300m 차이가 난다고 한다.

1초에 할 수 있는 일도 많다. IBM이 만든 슈퍼컴퓨터 '왓슨'은 1초에 책 100만 권에 해당하는 자료를 검색해 답을 찾아낸다고 한다.

2013년 독일 라이프치히에서 열린 '세계 슈퍼컴퓨팅 콘퍼런스'에서 중국에서 개발한 '텐허(天河 2호)'는 연산 처리 속도가 1초당 1,000조 번 연산을 기록, 세계 1위를 차지했다. 천양희 시인은 "벌새는 1초에 90번이나 제 몸을 쳐서 공중에 부동자세로 서고"라고 노래했다. 올림픽에서 1초 차이는 하늘과 땅 차이다. 1996년 애틀랜타올림픽에서 오심을 막으려고 1,000분의 1초까지 잡아내는 카메라가 등장했다.

2012년 런던 올림픽에선 1초에 사진 2,000장을 찍는 카메라가 동원됐다. 동계올림픽 스피드스케이팅 경기에서 박빙의 승부 기록을 보면 0.01초 차이로 메달의 색깔이 달라진다.

지금까지 시간의 의미를 미시적(微視的) 관점에서 살펴보았으나, 이와 반대로 거시적(巨視的)관점으로 살펴보면, 불교에서는 4억 3,000만 년을 1겁(劫)이라 하며, 전생에 8,000겁을 지나야 부부로 만나고, 10,000겁이 지나야 부모, 자식으로 만난다고 한다. 지구의 역사가 46억 년 전, 우주의 탄생이 137억 년 전, 생명의 탄생이 35억 년 전 이라는 장구한 시간을 경과했다니 놀라지 않을 수 없다. 또한 미국 항공우주국(NASA) 허블헤리티지 팀이 발표한 신비스런 '선회 은하'는 지구에서 1억 광년 떨어진 곳에 위치하고 있다고 했다. 1광년은 빛이 진공 속에서 1년간 가는 거리이므로, 1초 동안 300,000km 속도로 달리는 빛이 1억 년간 가야 '선회 은하'에 도달 할 수 있다니 참으로 무한한 시간의 의미를 말로 표현하기 어려울 것이다. 그러나 그 뒤에도 밤하늘을 디지털로 촬영해온 '슬로 디지털 스카이 서베이스(SDSS)' 연구팀이 촬영한 별 5억 개 중에서 가장 먼별은 지구로부터 70억 광년 떨어져 있다고 발표한 신문기사를 보니, 참으로 우주의 광활함과 시간의 무한성을 새삼 느끼게 된다. 이러한 시간의 영원성, 무한성의 관점에서 보면, 우리의 인생 수명 100세를 산다고 하여도 기독교에서는 '잠깐 있다 없어지는 안개'로, 불교에서는 '한 조각 뜬 구름'으로, 또 테레사 수녀는 "인생이란, 낯선 여인숙에서의 하룻밤이다."라고 표현 하는 것으로 보면 인생의 삶은 한 순간과 찰라(刹那)에 지나지 않는다고 할 수 있다. 장자는 〈지북유편(知北遊編)〉에서 인생의 덧 없음이 마치 달리는 흰 망아지를 문틈으로 보는 것과 같다며, '백구지과극(白駒之過郤)'이라 했다. 도연명은 "청춘은 다시 오지 않고, 하루에 새벽은 두 번 있지 않다. 때를 놓치지 말고 마땅히 힘을 써야만 한다"며 "성년부중래 일일난재신급시 당면려(成年不重來 一日難再晨 及時 當勉勵)"라 했다. 프란치스 교회 박재홍 수사는 "시간은 시간으로 존재하지 않고 노력의 결실로 존재한다."고 말한다. "내가 나무를 심었다면 나이테 안에 존재하고, 내가 사랑을 심었다면 따뜻한 그대 마음 안에서 시련을 극복한 모습으로 존재하고, 열심히 운동을 했다면 건강 안에 존재한다."고 했다. (정호승, 《내 인생에 힘이 되어준 한마디 》). 이는 허송세월 하지 말고 시간을 소중히 사용하라는 의미를 담고 있다.

인생을 즐겁고 재미있게 살자

아는 사람은 좋아한 사람만 못하고 좋아하는 사람은 즐기는 사람만 못하다.
우리가 지상의 잔치에 초대된 만큼, 온 몸과 마음으로 우리의 삶을 즐기자.
최대한 재미있고 즐겁고 행복하게 사는 것이 이 땅에 온 목적이다.

　공자(孔子)는 "지지자 불여호지자 호지자 불여낙지자(知之者 不如 好之者 好之者 不如樂之者)"라고 하였다. 이는 알기만 하는 사람은 좋아하는 사람만 못하고, 좋아하는 사람은, 즐기는 사람만 못하다는 의미로, 일에 대한 동기 부여를 높이는 가장 큰 원동력은 일을 즐기는 것임을 알 수 있는 문장이다. 우리들의 삶의 과정에서 의무감 때문에 마지못해서 어떤 일을 하는 사람은 그 일을 즐기며 도전하는 사람을 당해낼 수 없다고 한다.

　즐거운 일을 할 때에는 몸에서 엔도르핀이 분비되고 스트레스가 줄어들어 결과적으로 좋은 성과를 낼 수 있다고 한다. 세상에는 즐겁고 재미있는 일은 없다. 다만 즐겁고 재미있게 일하는 방법이 있을 뿐이다.

그런 즐김의 단계에 이르는 가장 쉬운 방법은 자기가 좋아하는 일, 의미 있는 일을 찾아내는 것이다. 그것을 통해 내면의 재미와 열정, 에너지를 끌어낼 수 있다. 즐기는 것의 기준은 내가 어떤 마음, 어떤 의미를 가졌는가에 달려있다. 행복은 즐거움과 의미(意味)가 만나는 곳에 있기 때문이다. 우리 조상들은 즐거움을 뜻하는 낙(樂)을 매우 중히 여겼다.

　맹자(孟子)는 인생의 삼락(三樂)을 "첫째, 부모 형제가 무고한 것이요, 둘째, 하늘을 우러러 한 점 부끄럼 없는 것이요, 셋째, 천하 영재를 얻어 교육하는 것이다"라고 했다. 공자(孔子)가 말하는 '락(樂)'은 첫째, "학이시습지 불역열호(學而時習之 不亦說乎)" 배우고 그것을 제 때에 익히면 기쁘지 아니한가. 둘째, "유붕자원방래 불역락호(有朋自遠方來 不亦樂乎)" 벗이 있어 멀리서 찾아오니 즐겁지 아니한가라고 했으며, 노자는 인자하고, 검소하고, 감히 남보다 앞서지 않는 것을 삼락으로 했다.

　서예가 추사(秋史) 김정희가 말하는 '삼락(三樂)'은 '일독(一讀)이라, 책 읽고 글 쓰고 항상 배우는 선비정신을, '이색(二色)'이라, 사랑하는 사람과 변함없는 애정을 나누고, '삼주(三酒)'라, 벗을 청해 술잔 나누며 세상과 인간사 얘기하며 가무와 풍류를 즐기는 것'이라했다. 그런가하면 신흠(申欽)은 문 닫으면 마음에 드는 책을 읽고, 문 열면 마음에 맞는 손을 맞이하며, 문을 나서면 마음에 드는 산천경계(山川境界)를 '삼락(三樂)'이라고 했다. 우리나라 정년퇴직 교원 단체인 '삼락회(三樂會)'는 '가르치는 즐거움, 배우는 즐거움, 봉사하는 즐거움'을 '삼락(三樂)'으로 하여 가르치고 배우며, 봉사활동을 활발히 하고 있다.

오늘날 젊은이들이 말하고 있는 21세기형 '삼락(三樂)'은 "함께하라, 무언가에 푹 빠져라(미쳐라), 가장 하고 싶은 일을 하라."라고 하였다. 우리가 이 지상(地上)의 잔치에 초대된 만큼, 온 몸과 마음으로 이 땅에서 우리의 삶을 즐기자. 최대한 재미있고, 즐겁고, 행복하게 사는 것이 이 땅에 온 목적이다.

헨리 소로의 말처럼 "인생은 여행이지 머물러있는 정거장이 아니다." 우리는 긍정적 방향에서 자신만의 확고한 신념으로 즐기면서 살아야 한다.

한 번뿐인 내 인생과 삶을 제대로 즐기며 재미있게 살아야 한다.

현대인들은 'Well being'을 선호한다. 이 용어는 '몸과 마음이 평안함과 행복을 추구하는 태도나 행동'을 의미하며, 신체와 정신이 건강한 삶을 행복의 척도로 삼고 있다. 우리가 현재 살고 있는 21세기는 과거의 사람들이 모든 고통을 참고 열심히 일하고, 엄격한 가정과 사회의 규범을 할 수 없이 지켜가며, 남들 눈치 보면서, 남들 보다 앞서가려고 나의 삶을 희생한 채 살아온 삶에서, 이제는 개인의 자아(自我)를 실현하고, 즐거움과 보람을 추구하는 시대로 이행(移行)하고 있다. 다가오는 세상은 재미있는 사람들의 시대, 이야기꾼(Storyteller)이 인기 있는 사회, 상상력이 가장 큰 자산이 되는 시대라고 한다. 스스로에게서 재미를 찾으며, 남을 재미있게 해주는 사람들, 의미(意味)있는 재미를 확대 재생산하는 사람들, 그래서 세상의 재미를 키워가며 눈덩이처럼 굴리는 사람들, 마침내는 감동으로 세상을 움직이는 사람들이 성공적이고 행복하게 살게 될 것이다. 우리가 싫어하는 일이라도 푹 빠져서 하다보면 좋아진다고 한다. 하고 있는 일이 의미있는 일이고, 나의 일이라고 생각하면 재미있어진다. 즉 자신의 일을 진정으로 사랑하면 그 일이 재미있어진다. 얼마 전에 한 명문학교가 전국을 돌며 입시설명회를 열었다.

이 학교에서 내세운 21세기형 인재(人才)의 키워드(key word)는 '재미를 찾아내는 능력', '배려하줄 아는 마음' 등 두 가지였다. 미래사회는 재미와 배려의 마음을 갖춘 사람이 필요함을 우리는 알고, 그런 사람을 많이 자라나도록 해야 할 것이다. '재미'가 인생의 삶을 변화시킨 사례가 많다.

올림픽에서 금메달을 두 번 따고 피겨의 전설로 기억되는 엣동독 출신의 카타리나 비트는 언론과의 인터뷰에서 그의 성공비결에 대해 이렇게 말했다. "메달이 나의 인생목표는 아니었다. 부모님은 내게 힘들고 지루하면 언제든 그만두라고 하셨다. 그러나 스케이팅이 너무 좋아 선수생활을 계속했다. 나는 올림픽 무대의 그 엄청난 중압감조차 사랑했다." 그는 스케이팅을 좋아하고 즐겼기 때문에 피겨의 전설로 유명하게 된 것이다. 우리나라 골프선수 박세리는 "나는 오직 승리만을 향해 기계적으로 움직이는 '독일전차'처럼 달려왔던 것 같다. 새벽부터 밤늦도록 잠자고 밥 먹는 것 외에는 오로지 공만 치는 단조로운 생활에 숨이 막혔다."고 기술한 그의 에세이에서 "나는 연습밖에 모르는 벌레였다."고 말하고, "골프 밖의 세상에 대해 유치원생"이라고 했다. "나는 옳게 살아온 것일까?"라고 반문하면서 "한국선수들에게는 자기 생활이 필요 없어요. 최대한 즐길 수 있어야 해요, 즐기면서 해야 해요."라면서 아이들이 즐겁게, 여유 있게, 공부나 운동을 하도록 하지 않으면, 반짝하고 빛날지 모르지만 절대 오래 가지 못할 것이라고 말했다. 또한 골프선수 신지애 아버지는 "우리 딸, 즐기면서 골프를 하렴." 그렇게 격려하면서 골프의 여왕으로 성공할 수 있게 하였다. 지난 2006년 5월부터 김연아 선수와 호흡을 맞춰온 브라이언 오서 코치는 김연아 선수에게 제일 먼저 가르친 것은 무표정한 연아를 웃도록 하고, 스케이팅을 즐기는 방법이었다고 말했다. 2014년 소치동계올림픽에 출전하는 모글스키 국가대표 최재우 선수는 페이스북에 "드디어 올림픽이란 큰 파티에 참가하러 떠나요, 즐기자는 마음으로 임하고, 웃는 모습으로 돌아오겠어요."라는 글을 남겼는가 하면, 소치 동계올림픽 국가 대표 3남매의 어머니 이옥경님은 "다치지 않고 각자 원하는 목표를 이루어 달라고 간절히 기도했지요.

그리고 혹시 넘어지더라도 인생의 나락에 떨어지는 게 아니라는 걸 아이들이 꼭 기억하게 해달라고 기도하지요. 하지만 아이들이 긴장하지 않고 신세대답게 '쿨'하게 즐겼으면 좋겠어요."라고 했다.

FIFA(국제축구연맹)가 2014 브라질월드컵 본선에 나설 32개국의 공식 슬로건을 발표했을 때 한국은 '즐겨라, 대한민국(Enjoy it, Reds!)'을 공식 슬로건으로 정했다. 우리나라는 월드컵 경기를 지나친 경쟁 보다, 즐기며 지구촌 축제에 참여함에 그 의미를 두고 있다고 했다.

미국 애플컴퓨터회사의 CEO이었던 스티브 잡스는 자기가 옳다고, 즐겁다고 생각한 걸 실천으로 옮긴 것, 즐거운 걸 끝까지 했던 것, 거기에 그의 모든 성공비결이 담겨있었다. 즉 즐거운 일을 했고, 그렇게 한 일이 결국 세계 제1의 IT업계의 위업을 달성할 수 있게 하였다. 스티브 잡스는 항상 "좋아하는 것을 찾으세요, 좋아하는 것에 대한 마음은 사랑하는 이를 대하는 마음처럼 진실합니다. 누구나 제 각각 좋아하는 것을 찾을 수 있습니다."라고 말하였다. 세계적인 소설가인 베르나르 베르베르의 인터뷰가 신문기사로 나왔다. "나는 그저 즐겁기 때문에 글을 씁니다. 좋아하는 것을 찾아서 날마다 규칙적으로 하다보면, 놀라운 결과를 얻을 수 있습니다. 진짜 현명한 사람의 뇌(腦)는 자기가 지금 갖고 있는 것에 만족하는 뇌입니다. 그런 뇌를 가진 사람들은 지금 다소 불만족스럽더라도 좌절하지 않습니다. 불만 속에서도 좋아하는 것을 찾아내니까요." 참으로 우리의 마음에 와 닿는 말이다.

재미는 잠겨있는 무한한 가능성을 여는 비밀의 열쇠이자, 세상을 앞으로 움직이게 하는 에너지원이다. 세상 모든 새로운 것들이 '재미'에서 시작 되었으니까 재미는 창조(創造)의 출발점이 되었던 것이다.

재미는 주변을 다르게 보게하고 영감(靈感)과 결합(結合)해 색다른 기회를 잡아낸다. 우리는 그 재미에 흠뻑 빠져, 다른 것들은 모두 잊은 채 뭔가 창조해내는 것이다. 재미는 고통을 이겨내고 창조하는 것이다.

라이트 형제는 실패를 거듭하면서, 주위의 비웃음을 사면서 '그것'을 계속했을까? 퀴리 부인은 어떻게 그 지독한 추위와 가난을 이겨내고 노벨상을 탈 수 있었을까? 이들은 모두 자기가 하는 일에 몰입하여 하는 일에 대한 재미, 맛, 즐거움, 보람, 일 자체의 멋 등을 느끼면서 전심전력한 결과일 것이다. 세상에서 모든 성취들은 내면의 '재미'라는 마음의 불씨를 통해 이뤄내는 것이다. '재미, 즐거움, 호기심'의 불씨를 지켜내는 사람이 수많은 시련과 실패 속에서도 모닥불을 밝혀 원하는 바를 이뤄낼 수 있는 것이다.

리처드 브랜슨(Richard Baranon) 버진그룹 회장은 그의 저서 《Dr.

yes!》에서 "나는 여러 가지 사업을 하면서 살아왔지만 한 번도 돈을 벌기 위해 사업을 한 적이 없었다. 사업에 재미를 발견하며 즐겁게 하다보면 돈은 자연히 따라왔다."고 이야기한다. 이는 즐거움의 추구가 돈의 욕구를 앞섰다는 것이다. 우리나라에서도 정주영 현대그룹 전 회장은 매일 밤 이런 생각을 했다고 한다. '빨리 내일 아침이 밝았으면 좋겠다. 오늘 보다 신나는 일을 할 수 있으니까.' 출근을 할 때마다 소풍가는 기분으로 갔다니 참으로 놀라울 따름이다. 일이 재미있어서 미칠 것만 같은 사람은 '그 일의 주인이 된 사람'이다. 일의 노예가 되어 끌려 다니는 대신 일의 주인이 되어 끌고 갈 때, 일은 의무가 아닌 재미가 된다.

중국의 장자는 〈지락(至樂편)〉에서 '지극한 즐거움'에 대해 논한다.

참된 즐거움은 '지락무락(至樂無樂), 지예무예(至譽無譽)'에 있다고 한다. 즐거움이 있으면 괴로움이 있고, 명예가 있으면 불명예가 있다.

즐거움을 피하지 않는 무위(無爲)는 지극한 즐거움에 이른다.

무한한 즐거움은, 즐거움이 있으면서도 즐거움이 없는 것처럼, 괴로움이 있으면서도 괴로움이 없는 것처럼 사는 데 있다고 했다.

즐겁고 재미있게 살려고 매일 노력하면 인생은 재미있게 살

수 있다고 한다. 성공한 인생이란 좋아하는 일을 하며 자기 일을 놀이를 하듯 즐긴다. 밀턴의 《실낙원》에서는 "얼마나 오래 사느냐가 중요한 것이 아니라, 얼마나 즐기며 잘 사느냐가 중요하다"고 했다. 한 번 뿐인 인생, 쾌락적 향락(快樂的 享樂)이 아닌, 도덕적으로 건전한 즐겁게 사는 방법을 찾아보자.

1. 자기가 하고 싶은 일을 찾아 신명나게 즐기며 일을 하자

재미는 일과 취미와 삶을 한데 버무려 융합해준다고 한다. 재미있는 일, 좋아하는 마음은 사랑하는 이를 대하는 마음처럼 진실하며 열정적이다. 하는 일의 능률을 올리고 신명나게 즐기면서 일하려면 그 일이 자기가 진정 하고 싶은 일이여야 한다. 그 일을 통해 자기의 재능을 발휘하고, 멋, 의미, 재미, 보람을 펴보고, 열중하고, 몰입(沒入)할 수 있고, 흥도 나고, 신바람도 낼 수 있는 일이다. 인생은 짧다. 진로(進路)를 선택할 때, 자기가 할 수 있는 일이 무엇인지 먼저 생각해 보자.

그 중에서 하고 싶은 일들을 선택하자. 그리고 다시 선택한 것 중에서 정말 하고 싶은 일들로 선택의 폭을 좀 더 줄이자.

마지막으로 그 중에서 정말 정말하고 싶은 일을 정해서 그 일을 천직(天職)으로 알고 일하자. 하고 싶은 일은 자기의 소질과 기능과 일치 된다면 더 좋을 것이다.

2. 수단적 가치(手段的價値) 보다, 내재적 가치(內在的價値)를 더 중요시하자

우리의 생활 중에서 개인의 가치관이 삶의 방향에 많은 영향을 준다. 수단적 가치와 내재적 가치의 문제이다. 그 한 예로, 공부는 출세의 수단으로 공부하느냐, 아니면 그저 재미있어 공부하느냐, 교육을 경제발전의 수단으로만 쓸모 있게 여기느냐, 아니면 그 자체에 내재해 있는 어떤 보람 때문에 여기느냐의 갈레길이다. 우리는 그동안 잘살기 위해 어떻게든지, 모든 수단을 써서라도, 만사를 수단으로 생각하는 수단적 가치를 중시하였다.

이런 수단주의는, 목적편향주의(目的偏向主義)에 기인한다. 치부(致富)와 출세, 교육도, 예술도, 사랑도, 친구도, 공부도, 직업도, 수단적 가치로만 간주되고 있어, 삶의 즐거움과 보람을 느끼지 못하고 살아온 사람이 많았다.

앞으로 우리는 그 일 자체에 내재된 가치인. 보람, 정취, 재미, 의미, 멋, 맛 등 내재적 가치를 중시해야한다. 노벨상 사무국장이 "노벨상을 탈 수 있는 가장 빠른 길은, 도리어 노벨상을 탈 생각은 아예 하지 말고, 그저 과학에 매료되어 그것이 미치도록 재미있어 파고들어가는 그런 과학자를 많이 길러내는 길이며, 그때 노벨상은 자연히 쫓아올 것이다."라고 말한 것은, 수단적 가치에 치우치지 말고 과학의 내재적 가치를 추구해야함을 시사해주고 있다. 학교 교육에 있어서도 교육이 출세의 수단이 아닌, 가르치고 배우는 그 과정 자체에 보람 즉 내재적 가치가 깃들어

있어야 한다.

공자는 "배우고 배워도 싫어지지 않고 가르치고 가르쳐도 게을러지지 않는다. 배우고 그것을 때때로 익히면 그 또한 즐거움이 아니더냐." 즉 가르침과 배움의 즐거움이 내포된 내재적 가치를 말한 것이다. 또한 학교교육에서 학생들로 하여금 앎의 희열(喜悅)을 만끽하게 하는 방법을 찾아야 한다.

그 한 예로 수학교육에서 어떤 공식 하나를 알게 하고 문제를 풀게 하는 것 보다, 더 중요한 것은 수학에 대한 흥미를 기르는 일과, 신바람을 기르는 일이다. 흥미만 길러주면 나머지는 말려도 저 혼자 공부해 갈 것이다. 흥미를 길러주려면 교사 자신이 먼저 그 일에 흥이 나 있고, 신바람이 나 있어야 한다. 천재의 출현에는 거의 예외 없이 그 길에 흥에 겨워 신바람이 나 있는 스승이 있었다는 것이다. 심리학에 절정경험(絶頂經驗)이라는 용어가 나온다. 그것은 인생에서 "가장 행복했던, 가장 희한했던, 가장 즐거웠던, 가장 크게 깨달았던 경험들"을 말한다. "애타게 갈구했던 사랑을 얻고, 긴 연구 끝에 큰 발명을 하고, 긴 연마 끝에 부처님처럼 개안(開眼)을 하고 하는 경험들이다."라고 정범모 교수는 말하고 있다. (정범모,《미래의 선택》)

이런 절정경험들이 우리에게 가장 알찬 인간적 충만감을 주는 것이며, 그것은 대개 전적(全的)인 전심(專心), 몰두, 열중의 과정과 결과를 포함하는 것들이다. 어떤 일의 내재적가치의 몰두, 침

잠(沈潛) 없이는 얻어지지 않는 경험들이다. 아르키메데스가 목욕을 하다가 부력의 원리를 알아내고 어찌나 기뻤던지 벌거벗은 채로 "유레카(Eureka), 유레카!" 즉 "알았다! 알았다!"라고 소리치며 거리로 뛰어나온 감격적인 사실은 바로 위에서 언급한 '절정경험'인 것이다. 인생의 최고의 즐거움을 맛보기 위하여 '절정경험'을 많이 갖도록 해야 할 것이다.

3. 자기 취미를 길러 인생을 즐기자

삶의 가장 아름다운 모습, 가장 행복한 모습은 자기 취미를 살려 거기에 전심(專心)하고, 몰두하고, 열중하는 모습일 것이다. 취미는 내면에 잠자고 있는 좋은 감정과 소질을 이끌어 내는 일종의 펌프다.

사람마다 타고난 소질과 특기가 다르듯이 개인이 갖고 있는 취미 또한 등산, 여행, 낚시, 서예, 회화, 도예, 악기연주, 장기, 바둑, 조각, 독서, 자수, 수영, 운동, 컴퓨터, 글짓기, 무용, 당구… 등 다양(多樣)하다.

취미생활은 일상생활에서 창의성을 이끌어내는 가장 훌륭한 수단이다. 막혀있던 창조 본능을 여는 열쇠라고도 한다. 취미생활은 재미가 시스템으로 만들어진 것이다. 세상을 바꾼 위대한 발견 또는 발명들의 거의가 이런 기쁨을 누리는 과정에서 일어났다고 한다. 그러므로 어릴 때부터 취미를 길러 여가를 선용하면서 인생을 보다 즐기며 살 수 있게 하여야 좋을 것이다.

4. 가정과 직장에서 삶의 의미를 두고, 인생을 즐기자

사회적 동물인 인간의 행복은 나와 가족, 나와 친구, 나와 직장 같은 관계, 즉 사이(Between)에서 나온다. '가화만사성(家和萬事成)' 가정이 화목해야 행복을 누릴 수 있다. 가정은 삶의 안식처로 대화와, 배려, 신뢰, 사랑, 상호존중으로 즐거움이 넘치는 곳이 되도록 노력해야 하며, 부모는 자녀에게 물려주어야할 최고의 유산은 돈과 재물이 아니라 인생이 얼마나 즐겁고 행복한 것인가를 알려주는 것이다. 가정을 떠나 주로 일하는 곳이 직장이다. 직장은 그동안 갈고, 닦고, 공부한 능력을 최대한 발휘할 수 있는 공간이고, 놀이터이며, 나를 도와 줄 사람들이 상사(上司)에서 동료, 직원들 까지 줄줄이 기다리고 있다고 생각하자. 내가 일하고 있는 직장이 최고 좋은 곳, 내가 하고 있는 일이 최고 좋은 업무, 나와 함께 일하는 동료가 최고 좋은 사람이라고 생각하고, 소명의식(召命意識)을 가지고 나의 뜻과 포부와 사명을 펴 보고, 그것에 신명을 다하고, 삶의 신바람을 일으켜보는 자아실현의 장소가 되어야한다. 종래의 권위, 경쟁의 직장 문화풍토에서 탈피하여 협력과 화합, 격려, 유머가 넘치는 분위기 조성으로, 모두 함께 꿈을 이루어가는 사람들의 집단이 되어야한다.

5. 현재를 즐기자

사람들은 하루에 5만~6만 가지 생각을 한다고 한다. 그 중에서 90% 이상은 쓸모없는 걱정이다. 쓸모없는 걱정 가운데 90% 이상은 어제했던 걱정이다. 대다수 사람들은 90%의 쓸모없는 걱정에 매달려 시간을 허비한다.

힘겹게 출근해서 별로 좋아하지도 않는 일을 하다가 파김치가 되어 집으로 돌아와 멍한 눈으로 TV를 보다 잠자리에 든다. 하루 종일 열심히 일을 하는데 지나고 보면 해놓은 일은 아무것도 없는 것 같다. 돈도 시간도 늘 부족하게 느끼며 마치 쳇바퀴를 돌고 있는 다람쥐 같은 생활을 하면서, 즐거움과 의미보다 물질적 부(富)를 우선시하고, 내일에 집착해 오늘을 힘들게 사는가 하면 욕심, 지나친 집착, 허영심, 입시경쟁, 취업준비에 사로잡혀 고단한 삶을 살아왔다. 앞으로 남에게 보여주는 삶을 살지 말고 진정 자신이 원하는 삶을 살아야한다. 남을 의식하고 남과 비교하기보다는 자기만의 거울을 닦고 그 거울 속에 비친 자신만을 보아야 한다. 그리고 매사에 감사하고, 봉사, 나눔의 생활을 통해 삶의 즐거움과 보람을 찾아야 한다.

지금 즐기지 못하면, 내일은 없다. 한 번뿐인 내 인생과 삶을 즐기며 재미있게 살아야한다. 최대한 즐겁고 행복하게 사는 것이 이 땅에 온 목적이다. 천상병의 시 〈귀천〉에서 '아름다운 이 세상 소풍 끝나는 날, 가서, 아름다웠더라고 말하리라'고 노래하듯이 이 세상에 소풍 와서 즐겁게 놀이하는 마음으로 살아가자. 유럽에는 요즘 '새로운 생활을 즐겨라'는 다운시프트(Down Shift) 족이 늘어나고 있다. '다운시프팅'이란 우리의 삶을 간단명료하게 만드는 것, 생활의 패턴을 여유롭게 바꾸어 여가를 즐기고 삶의 질을 향상시켜 경쟁과 속도에서 벗어나 여유 있는 자기만족적 삶을 추구함을 의미한다. 미국에서는 '다운시프팅'을 '자발적 단순화'로 표현하기도 한다.

물질적인 추구보다 취미생활, 스포츠, 가족, 자발적인 일, 진정한 자유 시간을 누리며 후회 없이 삶을 즐기며 간결한 삶을 살아야할 것이다.

인생을 즐기려면 눈, 입, 귀, 몸, 마음이 즐거워야 한다.

눈이 즐거우려면 여행, 등산, 박물관, 공원 및 서예, 미술 전시회 관람 등을 통하여 자연의 아름다움과 명인들의 뛰어난 작품들을 감상하며, 밤하늘에 반짝이는 은하수, 강릉 경포대에 뜬 보름달, 석양의 저녁노을 바라보며 그 황홀함에 감동하며, 입이 즐거우려면, 먹는 음식의 향기와 맛을 음미하면서 음식이 마련되기까지 수고한 사람들과 자연의 고마움에 감사하며 식사를 즐기는 미식가(美食家)가 되어야 한다. 귀가 즐거우려면, 아름다운 소리를 들어야한다. 졸졸 흐르는 계곡의 물소리, 이름 모를 새 소리, 음악회에서 들려오는 노래 소리, 절에서 은은히 울려오는 풍경 소리를 듣고, 느껴보면 귀가 즐거울 것이다. 몸이 즐거우려면, 자기 체력과 소질에 맞는 운동을 하고 등산과 걷기운동을 하여 건강을 유지하는 것이 곧 몸을 즐겁게 하는 길이며, 마음이 즐거우려면, 남에게 베풀어야한다. 베풀고 나누어주고, 도와주고, 봉사하는 삶에서 진정 즐거움을 찾을 수 있다. '낙이불류(樂而不流)', 즐거워도 무절제 않고 살아가리라. 앞으로 우리는 순간순간 즐기고, 순간순간 행복한 삶을 살자. 그 순간이 모여 우리의 일생이 되니까.

행복한 삶

행복의 파랑새는
먼 데 있는 것이 아니고
자기 마음속에서 찾아야한다.

　사람은 누구나 한 번뿐인 인생을 잘 살고 싶어 하고, 원하는 많은 것을 이루면서 행복하게 살기를 간절히 소망한다.

　우리 인생의 목적은 보다 행복해지는 것이다. 행복은 다양한 삶의 목표가 추구하는 최종 목적지다. 많은 사람들이 부(富)와 성공, 지위, 명예를 가져야만 행복하다고 생각한다. 그런 까닭으로 대부분의 사람들은 행복의 기준을 돈, 다른 사람과의 비교, 경쟁, 러닝머신 심리(더 큰 만족을 위해 끊임없이 달리는 것)에 두고, 자기의 삶에 만족하지 못하고 행복을 밖에서 찾으려하고 있다. 행복에 관한 동화 '파랑새'는 치르치르와 미치르 남매는 행복의 상징인 파랑새를 찾아 먼 길을 떠나 세상 구석구석을 헤매었으나, 파랑새를 찾지 못하고 지친 몸과 마음을 이끌고 집으로 돌아와 보니 그토록 목마르게 찾아 헤맸던 파랑새가 처마 밑에 둥지를 틀고 있었다는 얘기다.

이 동화가 시사해 주듯이 행복은 먼 곳에 있는 것이 아니라 우리 곁에 있는 것이다. 행복의 파랑새는 모든 사람의 마음속에서 찾아야 한다.

요사이 '파랑새증후군(Bluebird syndrome)' 용어가 화두(話頭)로 젊은이들에게 널리 퍼지고 있다. 이 용어는 '자신의 현재 일에는 별 흥미를 느끼지 못하고 장래의 막연한 행복만을 추구하는 현상'을 의미하는 것으로, '행복'과 '이상(理想)'을 상징하는 파랑새가 요즘은 한 직장에 안주하지 못하고 여기저기 옮겨 다니는 직장인을 지칭하는 용어로 변했다니 참으로 안타까운 일이 아닐 수 없다. 행복은 큰 데 있지 않다. 지극히 사소하고 일상적인 조그만 데 있다. 아침 햇살에 빛나는 자작나무의 잎에도 행복은 깃들어있고, 강가에서 모래성을 쌓는 어린이의 미소 속에도 행복의 씨앗이 보석처럼 숨어들어 있는지도 모른다. 행복의 사전적 의미는 '삶에서 기쁨과 만족감을 느껴 흐뭇한 상태'로 정의하고 있다. 일반적으로 행복은 진정한 내면의 평화이고 잘 살아가는 생활, 진정한 삶의 의미를 찾았을 때 느끼는 좋은 감정 상태라고 할 수 있다. 사람들은 어제보다 좋아야 하고, 주변보다 잘 살아야 행복하다고 말한다. 이런 이유로 재벌도 명문대생도 자살하는 경우를 본다.

영원히 어제보다 좋을 수도, 항상 주변 사람보다 나을 수도 없는데도 말이다. 돈이 많아야 행복할까? 좋은 대학을 나와야 행복할까? 좋은 음식을 먹어야 행복할까? 남 보다 승진을 먼저 해야 행복할까? 꼭 1등을 해야지 행복할까? 행복은 돈, 권력, 명예, 공부, 지위를 비롯한 남한테 보여주는 행복이 아니라, 사랑, 선행(善行), 봉사 등을 통해 스스로 만족하고, 자기가 좋아하는 일을 즐겁게 하고 감사하며, 자기 자신의 존재의미(存在意味)를 구현하는 삶이 진정한 행복일 것이다. 우리의 일상생활 속에서 사람 냄새 맡으며 함께 사는 소박함에서 행복을 찾아야 한다.

2011년 '매우 행복하다'는 우리 국민은 7%였다. 지난 18년 사이 소득은 3배 늘었는데도 행복한 국민은 오히려 10% 줄었다.

우리만 왜 거꾸로 가는 걸까? 한국은 세계에서 가장 빠른 경제성장을 한 나라이다. 빠른 경제성장을 이루기 위해 초과근무를 마다하지 않고 가족과 저녁을 함께 먹지 못하는 것을 당연시하면서 친구와 가족 관계에서 누릴 수 있는 행복을 희생하며 숨 가쁘게 살아왔다. 또한 한국인의 물질주의 가치관은 너무 강하다. 잉글하트의 '세계 가치관 조사'에 따르면, 한국인의 물질주의는 미국인의 3배, 일본인의 2배에 달한다. 지나친 물질에 대한 집착과 남과의 비교, 소득의 양극화 등으로 불행의식을 갖고 있다. 도산아카데미 자문위원인 최상호 씨는 한국인은 "한 사람만 빼고 모두가 불행한 1등병(病)을 갖고 있다."고 말하고 있다. '1등병'은 근본적으로 배타성이 있다.

반드시 이겨야 한다는 1등이 목표인 삶에선 한 사람만 행복하고 나머지 모두는 불행해지는 것이다. 우리국민 대다수가 불행한 이유가 여기에 있다. 욕심 많은 사람은 불행을 타고났다고 할 수 있다. 지고 못사는 사람은 누구도 그를 행복하게 만들 수 없다.

행복의 조건과 기준

세계적인 영적 지도자 중 한 사람인 디팩 초프라는 행복으로 통하는 문을 여는 일곱 가지 열쇠를 제시했다. 그는 진정한 행복이란 내면에서 빛나고 있는 자신의 참모습을 발견하고, 그 참 자아(自我)로 살아가는 것이라고 정의했다. 그의 행복을 여는 열쇠는 ① 몸의 소리에 귀를 기울이라. 몸과 마음과 영혼이 조화를 이루면 행복은 자연스럽게 따라온다. ② 진정한 자부심을 회복하라. 행복은 우리 안에 본래 깔려 있는 기본 프로그램이기에 이런 자신의 본래 모습을 의식하고 자각할수록 진정한 행복에 더욱 다가갈 수 있다. ③ 오염된 삶을 정화하라. ④ 옳고 그름에서 벗어나라. 옳고 그름, 선과 악으로 구별하는 습성에서 벗어나야 한다. 비판과 비난 대신 조화로운 공존을 가능케 하는 보다 넓은 의식세계 안에 들어갈 때, 진정한 자유를 누릴 수 있다. ⑤ 현재를 살아라. ⑥ 내면의 세상에 주목하라. 우리 안에 행복과 풍요의 샘이 흘러넘치고 있기 때문에 그 모습을 발견하면 행복을 찾을 수 있을 것이다. ⑦ 항상 깨달음을 추구하라. 깨달음의 추구는 자신의 참모습을 찾는 여정이다. 그 본향(本鄉)으로 회귀하면 우리의 영혼은 평온하고 행복해진다. 이상의 일곱 개 열쇠를 손에 넣으면 우리는 행복이 살고 있는 은신처의 문을 열 수 있다.

인도 경전《베다》불경(佛經)에서 불행을 일으키는 5가지 요인으로,

첫째 : 참 자아(자신의 정체성)를 알지 못하는 것.

둘째 : 유한(有限)한 세상에서 영원한 생명에 집착하는 것.

셋째 : 변화를 두려워하는 것.

넷째 : 자아(自我)라는 이름으로 포장된, 사회가 심어준 착각인 그릇된 욕망에 집착하는 것.

다섯째 : 죽음을 두려워하는 것 등을 들었다.

세계적인 심리학자 버트런드 러셀은 인간의 불행의 원인은 어두운 인생관, 경쟁, 피로, 권태, 질투, 부질없는 죄의식, 피해망상에 있으며, 행복한 사람이 되기 위해서는 "인생에 대해 열의를 갖고 따뜻한 사랑을 주고받으며, 원만한 가정과 헌신할 수 있는 일을 가지고 있는 한, 인간은 누구나 행복할 수 있으며, 자신의 운명이나 불행에 집착하는 옹졸한 태도를 갖지 말라"고 권한다. 또한 "인생은 살만한 가치가 있다는 신념, 우리 자신의 내면

세계보다 광활한 바깥 세계야말로 우리 행복의 무진장한 보고라는 생활 태도, 어떠한 불행도 이겨낼 수 있는 의지와 용기, 밝고 명랑한 인생관만 있다면 행복할 수 있다고" 말했다.

쾌락적 행복 보다는 만족적 행복이 더 길고 깊고 가치 있는 긍정적 정서를 유발한다. 그러나 만족적 행복은 개인적 출세나 성공에 기반을 둔 만족감이어서 온전한 행복에 비해서 공동체적이거나 인류애적 만족과 행복감의 깊이가 아직 덜하다. 마더 테레사 수녀, 인도의 마하트마 간디, 빌게이츠 등은 온전한 행복을 추구한 사람들이다. 진정한 행복의 핵심은 자기의 강점(強點)을 발견하고 그것을 발휘하며 살아가는 것이다. 자신이 잘할 수 있는 일을 통해 즐거움과 성취와 보람을 느끼는 것이야 말로 진정 행복한 삶이다.

긍정심리학의 창시자, 마틴 셀리그만 교수는 그의 저서 《진정한 행복》에서 "강점의 수행만이 진정한 행복에 이르는 확실한 길이다."라고 말했다. 행복은 목적지가 아니라 여행이다. 행복은 산의 정상을 향해 올라가는 과정이다. 진정한 행복은 결과보다 과정에 초점을 맞춰져야한다. 또한 1인당 GDP(국내 총생산)이 1만 5,000$에 도달하면 '수확체감'이 발생하여 돈은 행복에 거의 영향을 주지 않는다고 한다. 어느 정도 생존 조건만 갖추게 되면 돈과 행복과는 상관관계가 거의 없어진다. 만약 행복에 필요한 모든 것이 항상 갖추어진 인생이라면 과연 행복 할까? 시인이자 극작가인 조지 버나드 쇼는 "평생 행복한 인생! 이것은 지상의 지옥이고, 이것을 참고 견디어낼 수 있는 사람은 아무도 없다."고했다. 우리가 한평생 지상 낙원(천당, 극락)에만 살아간다면 진정 행복할까? 인간의 삶에는 적당한 긴장과 희망을 안고 살아가야할 것이 아닐까?

행복한 삶을 위하여

사람은 누구나 행복하게 살기를 소망한다. "저산 너머 행복이 있다 해서 찾아가보니 행복은 간데없고 다시 산만 있더라. 그래서 다시 돌아와 보니 행복은 바로 발밑에 있더라."는 명언이 시사하고 있듯이 행복은 우리의 가장 가까운 가정과 직장, 땀 흘러 일하는 일터와 평범한 일상생활에서 찾아야 할 것이다. 그러나 사람들은 행복을 밟고 있으면서, 현재 일에는 만족을 느끼지 못하고, 먼 장래의 막연한 행복만을 추구하고 있다. 사람들은 행복이 미래에 있다고 생각하고 있다. 언젠가 큰 집을 사는 날, 큰 차를 사는 날, 박사학위를 받는 날, 행복해질 거라고 상상하기도 한다. 그러나 행복의 파랑새는 자기 자신의 마음속에서 찾아야 한다. 우리의 마음은 천당도 만들고 지옥도 만든다는 것이다. 행복한 세상은 물질로 존재하지 않고, 마음 안에 있다. 스스로 세상이 살만하다고, 아름다운 곳이라고 생각하면 세상은 아름다운 곳이 되고, 우리의 삶은 행복으로 가득하게 된다.

행복은 결코 많고 큰데 만 있는 것이 아니다. 물질에 대한 지나친 집착심을 줄이고, 자기 욕망의 70% 정도에서 만족할 줄 안다면 그는 행복한 사람이다. 행복이 자라기 위해서는 아주 작은 것을 가지고도 감사하는 마음이 필요하다. 세상에서 제일 행복한 모습은, 강가에서 모래성을 막 완성한 어린아이의 미소에서 찾을 수 있으며, 아기를 다 씻기고 난 어머니의 모습에서도 발견할 수 있고, 어려운 수술을 성공리에 마치고 막, 한 생명을 구한 의사의 얼굴에서도 찾을 수 있으며, 사랑하는 자식 입에 밥 들어가는 모습을 바라보는 부모의 가슴에도 담겨있을 것이다. 행복에 관한 연구를 추진한 여러 학자들의 공통적인 의견을 종합해 보면, 행복을 위한 기본조건으로 '사랑', '하고 싶은 일', '인간관계', '긍정적이고 낙천적인 마음과 감사하기', '봉사와 배품' 등을 들 수 있다. 사랑은 유교〔仁〕, 불교〔慈悲〕, 기독교〔博愛〕에서 중시하는 인류 보편적 가치이며, 영원불멸한 진리이다. 사람은 하고 싶은 일을 선택하여 그 일을 통해, 즐거움, 일의 의미, 보람, 열정을 느끼고 자아실현을 이루어갈 때 참 행복을 갖게 된다. 우리는 끊임없이 가족, 친구, 직장, 이웃과의 관계 속에서 살아간다. 관계들이 행복해야 삶이 행복해진다. 남과 나를 비교 하거나, 남을 이기려고만 하는 마음을 갖는다면 행복의 여신은 오지 않는다. 혼자만 행복한 것은 오래 유지되지 않기 때문이다. 사람들의 생각은 행동을 변화시킨다. 마침내 생각은 인생을 바꾼다. 긍정적인 생각은 긍정적인 인생으로 변화시켜 행복한 삶을 누릴 수 있게 한다. 또한 사소한 일에도 감사하자. 모든 일에 감사하는 마음이 행복을 부른다. 봉사와 배품은 삶에 지쳐있는 많은 사람들에게 진정한 삶의 가치와 소중함을 일깨워주는 치료제와 같다. 남을 돕는 것은 곧 자신을 돕는 것이다, 개인의 작은 봉사와 배품을 통해 우리는 행복을 얻을 수 있을 것이다.

행복은 절대량(絶對量)이 고정되어 있지 않고 상대적이며, 무한하기 때문에, 나누어 준다고 해서 줄어드는 것이 아니다.

행복은 Zero Sum Game이 아니고 Win-Win Game이다.

매일 매일 조금씩 행복한 삶을 만들어야한다. 오늘은 어제의 행복보다 1% 더, 내일은 오늘보다 1% 더하게 만들어 가야한다.

진심으로 행복해지기를 원한다면, 먼저 이 순간을 소중히 여겨야 한다. 일상의 평범한 작은 부분들이 모여서 인생(人生)이라는 모자이크를 만들어 가듯이 삶의 과정에 최선을 다해야 한다.

없는 것에 괴로워 말고, 있는 것에 만족하며 살자. 사랑하는 사람과 여행을 하거나, 새로운 무언가를 배우거나 몰두 할 때, 자기 취미생활을 하면서 삶의 즐거움과 의미를 느낄 때, 우리는 행복한 삶을 사는 것이다. 매일매일 그러한 경험으로 채워질 때 우리는 참으로 행복해질 수 있다. 우리에게는 지금 이 순간이 매우 중요하다.

인생을 삼모작三毛作하자

후반전의 인생은 여생(餘生)이 아니라 신이 선물한
또 하나의 후반생(後半生)이다.
60세~75세를 '신중년세대'로 불리고 있다. 앞으로 은퇴 후 제 2·3 인생을 사는
'신중년'이 이끄는 사회가 시작된다. 80 인생 90 보다 젊고 100세 보다 어리다.

피터 드러커는 〈Next society〉에서 미래사회는 "고령인구의
급속한 증가와 젊은 인구의 급속한 감소로 인해 지금까지 어느
누구도 상상조차 할 수 없을 만큼 엄청나게 다른 사회가 될 것이
다."라고 했다. 또한 보스턴대학의 경제학과 교수 로렌스 코틀
리코프의 저서《다가올 세대의 거대한 폭풍》에서 세계는 점차적
으로 고령화의 폭풍을 맞이할 것이라고 예언하고 있으며 우리나
라도 65세 이상 인구가 2018년경에 14.3%로 고령사회 시기를 거
쳐 2026년경에는 20.8%로 초고령 사회로 진입될 것이라고 한다.

그동안 경제성장과 의학기술의 발달로 갈수록 평균 수명이 길
어지고 있다. 현재 우리나라의 평균 수명은 여자 84.0세, 남자
77.3세로 대표적 장수국인 일본, 미국 등 선진국에게도 뒤지지

않는 장수국이다.

　이러한 현상은 엄청난 축복과 같지만 한편으로는 걱정이 되는 소식이다. 인구의 고령화가 급진전됨에 따라 일을 할 수 있는 생산가동 인구(15~64세)가 2016년에 3,703만 명으로 정점을 찍고 이후엔 감소기에 돌입한다고 한다. 2020년경에는 생산가동 인구 4.6명당 노인 1명을 부양해야할 것으로 전망되고 있다. 또한 수명의 증가가 무조건 축복이 아니라 얼마나 양질의 삶을 사느냐가 중요하기 때문이다. 양질의 삶은 건강뿐만 아니라 경제적 요인도 뒷받침 되어야 한다. 2050년경에는 전 세계 평균 수명을 100세로 보고 앞으로는 18~50세를 청년, 51~70세를 장년, 71~100세를 노년으로 정하려고 논의 중에 있다고 한다. 수명이 증가하면 장기간 무직(無職)이라는 문제점이 동반된다. 100세 시대의 인생을 3등분 한다면 1모작 시기는 0~30세(30년), 2모작 시기는 31~60세(30년), 3모작 시기는 61~100세(40년)로 노후기간이 경제활동 기간보다 늘어난다. 결국 제일 문제점은 은퇴한 이후 문제가 된다. 무직 40년간 생활비, 의료비 부담은 노후를 더욱 힘들게 할 것이다. OECD 통계자료에 의하면 노인 빈곤율은 우리나라가 노인 2명중 1명이 빈곤층(약 45%)이며 현재 젊은 세대가 노후준비를 하는 비율이 36.1%에 불과하다고 하였다. 이상과 같은 현상을 볼 때 젊은 세대와 국가에 대한 부담을 줄이고 61세 이후의 40년간의 인생 3모작을 보다 효율적으로 영위하기 위한 계획과 준비는 선택이 아니라 필수이다. 후반전(後半戰)의 인생은 여생(餘生)이 아니라 신이 선물한 또 하나의 후반생(後半生)이기 때문이다.

세계적인 미래학자인 피터 드러커는 이상과 열정을 가지고 96세로 타계할 때까지 강연과 집필을 계속했으며, 1973년 96세로 타계한 금세기의 최고의 첼리스트 파블로 카잘스는 93세때 UN에서 조국 카탈루냐의 민요 '새의 노래'를 연주하고 평화에 대한 연설을 하여 세계인을 감격케 하였으며, 이들 보다 나이는 적지만 그 당시 70세였던 세계 제1의 테너 플라시도 도밍고는 최근 "이제 쉴 때가 되지 않았느냐"는 질문에 "쉬면 늙는다. 바쁜 마음이야 말로 건강한 마음이다."며 젊음을 과시했다.

일본 동경문리대 모로하시 데츠지는 100세의 나이에《공자, 노자, 석가》라는 동양사상(東洋思想) 도서를 저술했는가 하면 괴테는 80세에 그 유명한 파우스트를 펴냈다. 미켈란젤로는 70세 때에 그 유명한 베드로성당 천장화를 완성하였고, 일연 스님은 84세에《삼국유사》를 완성하였음은, 삶에 대한 의욕을 갖고 최선을 다하는 정신적 집념이 고령도 극복할 수 있었을 것이다. 일본의 나까오카 미에코(長岡三重子)는 곧 100세 생일을 맞는 시니어 수영 선수다. 그녀는 아마추어 동호인 대회인 마스터스 수영 선수권의 세계 챔피언이다. 2년마다 열리는 세계 대회에서 지금까지 메달을 60개 따냈다. 그녀가 활약하는 95~99세 체급에서 세운 세계신기록만 11개에 달한다. 주 종목인 배영(背泳)에는 적수가 없는 최강자이다. 그녀는 원래 70대까지는 수영장 근처에도 안 가보았다고 한다. 무릎 통증에 좋다는 아들 권유로 난생처음 동네 수영장을 찾은 것이 80세 때였다. 처음엔 그냥 물속을 걷기만 했다. 87세부터 미국, 이탈리아, 뉴질랜드 등지에서 열린 세계 대회에 출전했다. 90세에 처음으로 은메달을 땄고, 95세 땐 배영 200m 종목에서 첫 세계기록을 세웠다. 그 이후 95~99세 체급의 최강자로 군림하면서 신기록을 갱신하고 있다. 지금도 일주일에 3~4회 수영장을 찾아 1Km씩 연습을 한다. 새해엔 100~104세 체급에서 금메달을 따는 것이 목표다. 이는 치열하도록 아름다운 99세의 '청년정신'이다.

또한 노년에 새로운 일에 도전해 일가(一家)를 이룬 경우가 드물지 않다. 작년 일본 최고 권위의 아쿠타가와상을 받은 작가는 75세 할머니였다.

그녀는 교사, 사무원으로 일하다 은퇴한 뒤부터 본격적으로 글을 써 정상에 올랐다. 99세에 처음으로 출간한 시집이 베스트셀러가 되었던 여류 시인(故 시바타 도요)도 있었다. 우리는 누구나 80세에 시작해 챔피언이 될 수 없다. 다만 마음먹기 따라선 노년을 새로운 인생으로 맞을 수는 있다. 중요한 것은 '주책' 소리 들을까봐 겁내지 않는 청년 정신일 것이다.

은퇴 후 40년은 또 다른 청년기의 시작이다.

인생 3모작의 준비와 실천은 어떻게 해야 할까.

첫째, 평생학습을 생활화 하자.

오늘날 현대사회는 요람에서 무덤까지 학습하지 않으면 급격한 변화의 흐름에 적응할 수 없게 될 것이다. 바야흐로 지식과 상상력, 창의력이 지배하는 새로운 꿈의 사회(Dream Society)가 펼쳐지게 될 것이다. 높은 교육열에 기초한 우수한 인적자원을 보유한 우리나라는 자녀를 대학에 입학시키기까지 부모들의 교육열은 매우 뜨거운 반면 정작 중요한 성인들의 평생학습 참여도는 OECD 평균의 5분의 1에 불과한 것으로 나타나고 있다.

1년 동안 책을 한 권도 읽지 않는 성인이 전체의 35%에 이르고 연평균 성인 독서량은 10.9권에 그치고 있다. 일류대학 졸업자, 변호사, 의사, 박사, 등 소위 '사(師)자' 자격이 평생을 보장하던 시대는 이미 지나갔다.

이제는 의사 변호사도 계속 공부하지 않으면 살아남을 수 없다. 매일매일 새로운 지식이 쏟아지고 있고 그 지식의 수명 주기 또한 점점 짧아지고 있다. 아무리 훌륭한 교육을 받은 사람도 3년만 공부를 하지 않으면 그 사람이 가지고 있는 지식은 무용(無用)의 지식이 되는 시대이다. 이와 같은 지식 정보화 사회에서 대학입시만을 위한 교육열을 뛰어넘어 은퇴 이후의 노후까지 대비

하는 교육이 절실하며 또한 전 국민이 평생학습을 즐기는 풍토
를 조성해야 할 것이다.

둘째, 꿈을 갖고 새롭게 시작하자.

정년 뒤 어떤 사람은 알아볼 수 없을 정도로 노화(老化)가 진행
된 사람이 있는가 하면 또 어떤 이는 정년 때와 거의 변화 없이
활기찬 모습을 보여주는 분이 있다. 이런 현상은 그 사람의 열정
(熱情)의 차이라 할 수 있다.

그동안 노년은 마땅한 역할도 할 일도 없는 사람, 힘도 용기도
희망도 없는 사람이고, 남은 인생은 그냥 덤이라는 생각으로 살
아온 사람이 많았다. '어느 95세 어른의 수기'에서 65세에 은퇴
를 했을 때 스스로가 늙었고 뭔가를 다시 시작하기엔 늦었다고
생각하고, 30년을 덧없고 희망 없이 살아왔다는 것을 뉘우치면
서 "95세의 나이지만 아직 정신이 또렷합니다. 앞으로 10년, 20
년을 더 살지 모릅니다. 이제 나는 내가 그토록 하고 싶었던 어
학공부를 다시 시작하려 합니다. 그 이유는 단 한 가지, 10년 후
맞이하게 될 105번째 내 생일 날, 95세 때 왜 아무것도 하지 않
았는지 후회하지 않기 위해서입니다." 라고 기술하고 있다. 위의
수기(手記)를 통해 나이와 관계없이 무엇인가 다시 시작한다는
자체가 희망이며 행복이며 젊음이며, 시간이 지나서 후회하지
않아야함을 우리에게 깨우쳐 주고 있다.

그동안 의료기술의 발달은 인간의 수명을 많이 연장시켰다.

그러나 오늘날의 현실은 인간의 은퇴시기를 많이 앞당기고 있다. 38세가 명예퇴직을 하는 나이라는 '삼팔선'이나, 45세면 정년퇴직을 해야 한다는 '사오정'이라는 유행어가 돌아다니더니 56세가 되도록 퇴직을 하지 않으면 도둑이라는 뜻의 '오륙도'란 말이 떠돌아다니듯이 한창 무르익은 중장년의 직장인은 물론 사회생활을 갓 시작한 젊은이에게도 은퇴를 준비하게 만들었다. 이제 우리에게 필요한 것은 변화를 일상적인 것으로 받아들일 줄 아는 자세다. 또한 현재의 일을 과감히 접고 새로운 일에 도전할 수 있는 용기가 필요하다. 내가 살고 싶은 진짜 인생은 무엇인가? 그동안 사람들은 대부분 진짜로 원하는 소망과 꿈을 가슴에 묻어두고 인생의 1, 2막을 살아온 경우가 많았다. 내가 진짜로 원하고 내가 가장 즐겨 일하고 싶으며, 나의 특성에 맞는 일을 찾아 제3막의 평생 현역의 인생을 의미 있게 살아가겠다는 꿈을 갖고 새 출발해야 한다.

셋째, '노인의 4고(苦)'를 줄이기 위한 대비를 해야 한다.

흔히 노인의 4고(苦)로 빈고(貧苦), 병고(病苦), 고독고(孤獨苦) 및 무위고(無爲苦)를 들고 있다. OECD 2009년 통계자료에 의하면 우리나라 노인들의 빈곤율이 전체 노인의 45%로 노인 2명중 1명이 노후대책 없이 빈곤층에 빠져있다. 퇴직하고도 70세가 넘도록 먹고 살기 위해 일을 손에서 놓지 못하는 것으로 나타났으며, 일하는 60세 이상이 2013년에 189만 명을 기록했다.

이러한 현상은 우리나라의 부실한 복지 체계와, 자식을 키우고 부모를 모시느라 노후 준비를 제대로 못해 '쉴 수 없는 퇴직자'가 늘어가고 있다. OECD에 따르면, 우리나라 남성의 실질 은퇴 연령은 71.1세로 멕시코(72.3세)에 이어 OECD국 가운데 2위를 차지했다. 노인 3~5명 중 한 명은 자녀와 주변인의 학대에 시달리고 있으며, 이로 인해 75세 이상의 노인들 10만 명 중 160명꼴로 자살을 선택하고 있음으로 나타났다. 또한 노인들의 가장 어려운 점 중의 하나는 노년의 건강 악화를 들고 있다. 노인성 질환은 한 가지 원인이기 보다, 퇴행성질환, 고혈압, 당뇨, 고지혈증, 청력 감퇴 등 여러 가지 질환이 복합되는 것으로, 2~8가지 질환을 동시에 앓고 있는 것이 특징이다. 65세 이상의 노인 3분의 1과, 75세 이상의 노인 4분의 3이 처방된 약을 복용하고 있는 현상으로 나왔다. 또한 대부분의 노인들은 할일 없이 외로운 생활을 하고 있는 경향으로 나타났다. 따라서 노후의 4고를 줄이기 위해 현직에 있을 때부터 연금, 보험 장기저축 등을 통해 경제적 여유 있는 노후생활을 할 수 있도록 사전에 준비하여야 할 것이다. 더불어 제3의 인생을 건강하게 살아가기 위하여 젊었을 때부터 규칙적인 운동, 정기적인 건강검진 등을 통해 노후까지 건강한 체력을 유지할 수 있도록 하여야 할 것이다. 노후생활을 보다 Well-being 할 수 있도록 취미활동, 새로운 일거리 등을 선택하여 꾸준히 연마해야 할 것이다. 요사이 유행하는 말이 '인생 3모작'이다.

40~50대는 현재 종사하고 있는 직장 및 경제활동 이외에 노후에 종사할 수 있는 새로운 일거리를 찾아야 할 것이다. 제일 좋은 것이야 현재의 일을 노후까지 끌고 가는 것이다. 그러나 이제는 평생 직업은 없다고 한다. 한 직업으로 살아갈 수 없다면 새로운 기술을 배우고, 새로운 업종을 개척하고, 새로운 자격증을 따야 할 것이다. '시니어 직업훈련센터', '근로복지공단', '중소기업 소상공인 지원센터', '뉴스타트 프로그램' 등을 통해 정부에서도 지원활동을 하고 있다. 그래서 노후에도 꾸준하게 일을 할 수 있는 평생 동반자처럼 같이 일 할 수 있는 일거리를 찾아야 한다. 여가를 즐길 수 있는 일로는 컴퓨터 실기연수, 서예, 그림, 바둑, 악기 다루기, 사진촬영, 시(詩)쓰기, 등산, 수영, 바둑, 분재(盆栽), 고전(古典)공부, 게이트볼, 테니스, 독서활동, 등 자기가 좋아하는 취미활동을 하거나 동기동창 모임, 옛날 직장 동료와 동호인(同好人)모임을 만들어 참여하기, 봉사활동, 자서전 쓰기, 노인대학 다니기, 우리나라와 외국의 가보고 싶은 곳 여행하기 등을 통해 인생을 마음껏 즐기며 살아야 할 것이다.

그리고 은퇴 전 쌓은 전문적 경험과 지식은 그냥 사장시키는 자체가 사회적 손실이다. 필요한 곳에 재능을 기부하고, 임금피크제의 원리에 따라 적은 보수라도 받고 기여하는 것이 좋을 것이다. 미국을 비롯한 선진국에서는 몇 년 전부터 '앙코르 커리어(Encour career)'란 말이 유행하고 있다.

'앙코르 커리어'는 시니어(고령자)들이 사회에 공헌하면서 적당한 임금을 받는 것을 말한다. 과거에는 은퇴 후 일로부터 해방을 희망해왔다면, 이제는 은퇴 후 일을 통한 자유를 선택한다는 것이다. 이런 현상은 고령자에 대한 시각이 사회적 비용을 소모하는 부담스런 존재에서 생산적 주체로 변화되고 있음을 말해주고 있는 것이다. 노후에는 사랑하는 배우자가 없어지거나 친한 친구들이 하나 둘 떠나가고 외로이 고독과 싸워야 할 때가 많아질 것이다. 그러므로 고독과 친구가 되는 법도 미리 훈련해야 할 것이다.

일본에서도 〈엔딩 노트〉라는 영화 속에 은퇴이야기가 있다.

40여 년이나 긴 샐러리맨 인생을 마친 주인공은 은퇴를 계기로 제2의 인생을 준비하려고 하지만 우연히 건강검진을 받고 말기 암(癌) 판정을 받게 된다. 주인공은 6개월이란 남은 시간에 가족을 위해 무엇을 할 수 있을까 고민하며 자신만의 '엔딩 노트(ending note)'를 쓴다. 영화 '엔딩노트'를 통해 제2의 인생을 준비할 때, 필요한 키워드로 참고가 될 것이다. 후회 없는 인생을 마무리를 위하여 가족을 위한 '5F'를 다음과 같이 제시했다.

① 건강(Fitness), ② 경제적 자립(Finance), ③ 현역(Field), ④ 재미(Fun), ⑤ 인맥(Friend) 등으로, 제2의 인생 준비와, 후회 없는 인생 마무리를 위해서는 자신의 건강관리를 항시 잘하고(건강), 경제적으로 자립할 수 있도록 미리 대비하며(경제), 자기 전문성을 키워 은퇴 후에도 현직에 있을 때와 같이 일 할 수 있도록 대비하고(현역), 은퇴가 두려움이 아닌 희망이 될 수 있도록 긍정적인 자세를 유지하고, 좀 더 즐거운 삶의 방법을 찾아야 하며(재미), 은퇴 후 친하게 지낼 친구를 많이 사귀어, 여가를 즐기고 외로움 없는 생활(인맥)을 하자는 의미를 담고 있다.

오늘날 의학기술의 발달과 지식정보화사회에서 인간의 수명이 점차 고령화됨에 따라 2020년경에는 우리나라 평균 수명이 80세를 훌쩍 넘어 바야흐로 90세의 시대를 넘보게 될 것이다. 현재의 예측에 따르면 우리나라 인구는 2020년을 정점으로 하향 곡선을 그릴 것이며 그때가 되면 65세 이상의 노인들이 15세 미만의 어린이들 보다 많아질 추세이다. 젊은이 4.6명이 노인 1명을 책임져야 하게 될 것이다. 이 모든 가공(可恐)할 일들이 불과 10년 뒤이면 우리 모두에게 닥쳐오게 된다.

이러한 추세를 본다면 인간 100세의 시대가 될 것이며 이는 축복이 아니라 위기가 될 수도 있다. 1차 인생을 은퇴한 뒤 남은 40년간을 Well-being 하기위하여 살아갈 준비를 서둘려야 한다.

그동안 어린 시기에는 타의(他意)에 의한 삶과 공부에 쫓겨 자기의 인생이 없었다. 학교로, 학원으로, 끌려 다니는 아이들이 애처롭게 느껴진다. 청년기에는 결혼과 취업으로 삶을 돌아볼 시간 여유도 없었을 뿐 아니라 그런데도 일자리가 없이 일용직, 비정규직으로 고민하는 젊은이가 넘쳐나고 있다. 정년기가 가까이 오면 자식 공부 시키랴, 결혼 시키랴, 돈 벌이에 쫓기는 자기 희생의 시기를 맞고, 은퇴를 맞을 불안을 안고 살게 된다. 그러나 은퇴 후인 40년이라는 기나긴 노년기를 맞이해서는 지나치게 간섭할 사람도, 눈치 볼 직장 상사도 없이 자신을 돌아볼 충분한 시간적, 공간적 여유도 생겼다. 이제는 자기가 하고 싶었던 일도 해볼 수 있는 여건이 생겼다. 선진국에서는 70세 이후의 사람들을 보호대상으로 생각해서는 안 된다는 사회적 인식이 자리 잡고 있다.

80세까지는 아직 노인이 아니다. 젊고 건강한 신중년(新中年) 또는 젊은 고령자쯤으로 해석하고 있다. 이제까지 80년을 살고 60세까지 일을 했다면 앞으로는 100년을 살고 80세까지 일을 해야 한다. 과거 세대 보다 훨씬 더 오랫동안 노동을 해야 한다. 지금처럼 한 직장에서 계속 일 하기 보다는 일을 하다가 중간에 휴식하고 재교육, 재충전을 한 뒤 다시 제2, 제3의 일을 하는 패턴이 더 늘어날 것이다. 미국에서는 '신중년' 세대를 'Active Senior' 라고 부른다. 요사이 우리나라 에서도 60세~75세 세대를

'신중년 세대'로 불리고 있다. 과거의 경우 청장년(靑壯年)이 이끄는 원톱 시스템이었다고 한다면, 이제부터는 은퇴 이후 제3인생을 사는 신중년이 이끄는 새로운 사회가 시작되는 투톱 시스템이 되고 있다. "80인생 90보다 젊고, 100세 보다 어리다."는 말이 있다. 과거에는 은퇴해 일로부터 해방을 꿈꿔왔다면 이제는 은퇴 후 일을 통한 자유를 선택하는 경향이다. 이는 노인에 대한 시각이 사회적 비용을 잡아먹는 부담스런 존재에서 생산적 주체로 바뀌고 있음을 말해주기도 한다.

"청춘이란 인생의 어떤 기간이 아니라 마음의 상태를 말한다."는 시인 샤뮤엘 울만이 말했듯이 항상 젊은 마음을 가지고 끊임없이 새로운 일에 도전하면서 '9988234', 99세까지 팔팔하게 사람답게 살아가다가 사람답게 늙어가는 Well-being, Well-aging의 3모작 인생을 가꾸어 나가야 할 것이다.

죽음의 의미

죽음이라는 거울을 통해 삶을 관조(觀照)하고 인생을 진지하게 살아가자.
인생이 아름다운 것은 죽음이라는 유한성(有限性)이 존재하기 때문이다.

　인생은 너와 나의 만남인 동시에 너와 나의 헤어짐이다. 이별 없는 인생이 없고, 이별 없는 만남 또한 없다. 살아있는 자에게는 반드시 죽음이 오고, 만나는 자는 반드시 헤어져야 한다. 삶이란 세상과 헤어지는 연습이다. 하루를 열심히 산다는 것, 자신의 맡은 일에 열과 성을 다하는 것은 가장 아름다운 헤어짐을 위한 몸부림인지도 모른다. 그러나 왜 사는지, 어디를 향해 가고 있는지도 모르고 수백 년을 살 것처럼 탐욕을 부리다가 빈손으로 떠나간 어리석은 사람들이 얼마나 많은가? 우리는 살아가는 동시에 죽어가는 것이다. 죽음은 인간 실존(實存)의 한계상황(限界狀況)이다. 피하려야 피할 수 없고 벗어나려야 벗어날 수 없는 운명적인 상황이요 절대적인 상황이다. '생(生)＋시간(時間)＝사(死)'

146

의 등식은 자연의 등식인데 누가 어찌 거역할 수 있겠는가. 어차피 인생은 한 줌의 부토(腐土)로 돌아간다는 철리(哲理)를 깨닫는다면, 우리는 이 세상을 언제고 죽음을 맞이하더라도 후회 없이 웃으며 떠날 수 있도록, 아름다운 이별을 준비해야할 것이다. 오늘이 마지막 날인 것처럼, 지금 이 순간이 나에게 주어진 마지막 날인 것처럼, 자신의 일에 최선을 다한다는 것은 이별을 위한 인생 수업인 것이다.

1. 여러 형태의 사생관

제행무상(諸行無常), 만물은 무상(無常)하므로 '생명이 있는 자는 반드시 죽고(生必滅:생필멸), 빈손으로 왔다가 빈손으로 가며(空手來空手居:공수래공수거), 만나는 자는 반드시 헤어진다(會者定離:회자정리)'는 것이 자연의 이치이다.

고대 그리스의 철학자 소크라테스는 인간은 죽을 때 영혼은 육체로부터 분리되고 육체는 죽을지라도, 영혼은 죽지 않고 영원히 사라지지 않는다고 했다. 그래서 소크라테스는 죽음을 두려워하지 않았다.

플라톤과 칸트, 괴테도 인간의 영혼은 불사라고 말하고 있다. 이순신 장군은 '필생즉사 필사즉생(必生卽死 必死卽生)', 곧 살려고 하면 죽고 죽자고 생각하면 산다고 하였으며, 중국의 장자는 자기 아내가 죽었을 때 술동이를 북처럼 두드리며 노래를 부르고

(鼓盆而歌:고분이가) 있었다고 한다. 장자는 사물과 사람의 삶과 죽음은 기(氣)가 때에 따라 상태를 끊임없이 바꾸어가는 과정이므로, 태어났다고 기뻐하고 죽었다고 슬퍼할 일이 아니라는 것이다. 그래서 장자는 사람의 삶과 죽음을 4계절이 절기에 따라 바뀌는 것과 같다고 말한다. 그는 모든 세상의 변화에 감정을 집어넣지 않고 냉정하게 바라본다고 할 수 있다. 장자 처지에선 '고분이가'는 아내의 상례를 치르는 행동이라고 볼 수 있을 것이다.

나의 사생관은, 생(生)과 사(死)는 우주와 자연의 이치에 따라야 한다고 본다. 봄이 되면 새싹과 새 생명이 솟아나고 여름이 되면 잎이 무성하여 온 세상을 푸르게 물들이고, 가을이 되면 푸른 잎이 울긋불긋 곱게 단풍이 들었다가, 겨울이 찾아오면 낙엽 되어 떨어지는 나뭇잎처럼, 자연에서 왔다가 자연으로 돌아가는 우주의 질서를 받아들여 자연의 품으로 돌아가야 한다.

꽃이 아름다운 것은 꽃이 지기 때문이며, 인생의 유한성(有限性-죽음)이 없다면 삶 또한 무의미해 질 것이며, 삶의 배후에 죽음이 받쳐주고 있기 때문에 삶이 빛날 수 있다. 우리는 이 세상과 인연이 다 되어 저세상으로 가는 날 먼저 가 계신 할아버지, 할머니를 만날 수 있고, 그토록 보고 싶었던 아버지, 어머니, 먼저 간 친구들을 만나볼 수 있으니 이 얼마나 반갑고 축복된 일인가! 언젠가 죽어 이 세상에서 사라진다 해도, 해와 달은 변함없이 뜨고 질 것이며 나의 아들딸들은 손자, 손녀들을 낳아 기르며 대대로 손(孫)을 이어갈 것이니 나의 생명체(DNA)는 영원히 살아있다고 할 것이다.

우리는 사후의 세계에 대해 체험을 통해 알 수 있는 사람은 아직 단 한 사람이 없음에도 불구하고 사후 생명의 가능성을 믿는 사람이 많다는 것이 여러 조사와 연구에서 밝혀졌다. 고대 이집트인들의 장대한 피라미드와 무수한 미라, 왕의 무덤에서 발굴된 벽화의 세밀한 묘사 등을 보더라도 사후 생명의 존재를 확고히 믿었음을 알 수 있다.

또한 《코란》, 《성서》 등 많은 종교서적도 사후 생명의 실존(實存)을 서술하고 있으며, 따라서 인간 생명의 유한성(有限性)을 무한성(無限性)으로 바꾸려는 노력에서 모든 종교가 태어났다고 할 수 있지 않았을까?

2. 죽음의 질과 좋은 죽음

사람은 누구나 죽는다. 나이와 관계없이 사람은 누구나 한 번은 죽음을 맞이하게 되어 있다. 이것이 죽음의 제1 법칙이다. 두 번째 법칙은 죽음은 아무도 함께 할 수 없다는 것이다. 아무리 많은 자식과 친척들이 있다고 해도 누구도 죽음을 함께 할 수 없다. 재산이 아무리 많다고 해도 죽을 때 함께 가지고 갈 수도 없다. 그래서 죽음에 관한 한 사람은 평등한 존재라고 한다. 그러나 죽음을 맞이하는 행동과 마음가짐으로 보면 죽음은 평등하지 않다. 가족의 보살핌 속에 평화롭고 행복하게 죽는 사람이 있는 반면 두려움과 고통 속에서 죽는 사람도 있다. 이것이 죽음의 제3법칙이다. 같은 병동에 같은 병으로 죽음을 앞둔 사람이 있다고 해도 죽음을 맞이하는 태도에 따라 그들이 고통을 겪는 정도와 범위는 상당한 차이가 있다.

대부분의 사람들은 죽음에 이르면 육신(肉身)이 극도로 쇠약하여 두려움에 휩싸여 고통 속에서 죽게 된다. 그런 사람들은 평소 죽음에 대해 막연한 공포심만 가질 뿐 죽음에 대하여 깊이 생각하지 않는 사람들이다. 죽음에는 우리가 모르는 것이 세 가지가 있다. 우리가 언제 죽을지 알 수 없고, 어디서 죽을지 모르고, 어떻게 죽을지 알 수 없다. 'Well-dying!' 사람답게 죽자는 말이 있다. 이를 위해서는 '좋은 죽음(Good death)'이 되어야 한다. '좋은 죽음'은 '익숙한 환경에서', '존엄과 존경을 유지한 채', 가족 친구와 함께, '고통 없이 죽어가는 것'을 '좋은 죽음'으로 정의하고 있다. 과거에는 집에서 맞는 죽음을 호상(好喪), 밖에서 죽는 것을 객사(客死)라 했다. 요즘엔 10명 중 7명이 병원에서 객사 한다. 야마자키 후미오라는 일본 의사는 16년간 3,300여 명에 가까운 환자가 죽는 모습을 지켜보고 그는 "나는 절대로 병원에서 죽지 않겠다."고 했다.

호흡보조 장치, 영양공급 장치를 주렁주렁 매달고 사는 것도, 죽은 것도 아닌 상태로 마지막 날로 미끄러져 가는 것은 인간답고 품위 있는 죽음이 아니라고 했다.

죽음을 앞둔 어느 환자는 "말기 암 판정을 받고 병원 침대를 벗어나 집에서 가족과 함께 인생을 정리한 몇 개월이 지금까지 살아온 40여 년보다 훨씬 소중하였다."고 말한 기사를 보고, 나는 앞으로 병원이 아닌 가정에서 온 가족의 보살핌 속에서 Well dying에 의해 마침표가 찍히는 것, 장수시대일수록 아름다운 마무리를 고심하지 않을 수 없다.

미국의 뉴햄프셔 주 하노버의 켄단 실버타운에는 평균 84세인 노인 400여 명이 살고 있다. 그중 위급할 때 심폐소생술을 받겠다는 사람은 단 한 명뿐이었다. 모두 어린아이가 엄마 젖을 떼듯 천천히 약을 줄이며 눈을 감겠다고 했다. 미국에선 이처럼 목숨에 매달려 아등바등 않고 품위 있는 죽음을 맞자는 '슬로 메디신(Slow medicine)' 운동이 번지고 있다.

그러나 우리나라의 경우, 서울대 병원에서 암환자 298명을 대상으로 실시한 조사에서, 죽기 반년 전까지 적극적 항암치료를 받은 환자가 95%로, 33%인 미국의 3배나 되었다. 한국인은 유달리 삶에 집착하고 죽음에 거부감이 강하다. 그래서 노환(老患)이나 사고로 건강을 되찾을 수 없는 비가역적(非可逆的) 상태에 들어갔을 때, 한국인들은 대부분 죽음을 준비하기보다는 무작정 삶을 연장하는 쪽으로 나아가려고 한다. 인공호흡기 같은 기계장치를 감아 맨 채 고통 속에서, 자신이나 사랑하는 이의 죽음과 마주하고 당황하는 경우가 많다. 이와 같이 무의미한 생명 연장 치료는 환자 본인의 고통은 말할 것도 없고 엄청난 치료비용을 남은 가족에게 부담하게 하기 십상이다. 삶을 무의미하게 연장하려는 것은 '생명체는 반드시 죽는다는' 자연스러운 생명의 과정(過程)을 무시하는 행위이다. 인간은 생명체이기에 임종(臨終)에 처해 삶을 잘 정리하고 자신의 죽음을 존엄하게 맞이할 권리가 있는 것이다. '죽음의 질'에서 세계 최고 평가를 받은 영국은 죽음을 앞둔 환자가 삶의 마지막 시기를 집에서 가족과 함께 보낼 수 있도록 돌봐주는 '종말 간병 간호사(Terminal care nurse)' 제도를 운영하고 있으며, 그 비용은 국가가 지원하고 있다. 한국에도 죽음을 앞둔 환자가 평안한 임종을 맞을 수 있도록 위안과 정신적 육체적 고통의 완화를 도와주는 호스피스제도가 운영되고 있으나, 아직 한국은 죽음의 질(The quality of death)면에서 40개국 중 32위에 놓여있다. 회생 불가능한 환자가 삶에 대한 희망을 놓지 않도록 가족들이 '하얀 거짓말'로 보호해야 한다는 생각은 큰 오산이다. 그에겐 진실을 알 권리가 있다. 그래야 병에 도전할지, 불필요한 치료 대신 인생을 정리할지 선택할 수 있다. 환자가 삶을 마무리할 시간마저 가로챘다면 도덕적 책임에서 자유로울 수 없다. 종교학자 최준식 이화여대 교수는 임종을 앞둔 환자에게 "끝이 다가오는 것을 피하지 말고 쓸데없는 치료는 거부하고, 죽음과 친구가 되고자 노력하라."고 조언한다.

이 세상에 가장 현명하게 죽음을 맞이한 철학의 성인(聖人) 소크라테스는 아테네의 청년을 부패시킨다는 죄로 독배를 마시게 되는 사형선고를 받았을 때, 그의 친구 크리톤의 탈옥 권유에도 불구하고 '불법도 법이다.'라고 말하면서 죽음을 선택했다. 독배를 전해주며 슬퍼하는 간수를 위로하면서 이 세상에서 저 세상으로의 편안한 여행을 기원하는 기도를 드린 뒤 너무나 태연하게 거리낌 없이 독약을 마셨다. 그때까지 슬픔을 참고 있던 제자들을 조용히 달랜 뒤, 침대로 돌아와 반듯이 누었다.

온 몸에 독약이 퍼지는 것을 느끼고는, 그는 얼굴을 덮었던 천을 벗기고는 마지막으로 친구에게 말했다. "여보게, 크리톤, 아스클레오피스에게 닭 한 마리를 빚졌네. 자네가 기억했다가 대신 갚아주게." "그러겠네. 다른 말은 없는가?" 친구 크리톤의 묻는 말에 그는 아무 대답도 않고 저 세상으로 떠났다. 이것이 이 세상에서 가장 올바르게 살다간 사람의 떳떳한 최후이다. 이성과 양심이 없는 시대, 자유와 자각(自覺)을 두려워하는 시대가, 소크라테스에게 준 독배는 이성과 양심과 자유에 대한 축배였다.

한국의 위대한 유학자인 퇴계 이황은 임종 직전에 일어나 벽에 기대앉아 자리를 정리하게하고 마지막으로 자신이 평생을 두고 사랑하던 매화를 보며 "매화분에 물을 주라." 하고는 앉은 채 숨을 거두었다 한다.

품위 있게 돌아가신 분 중에 화담 서경덕 선생을 들 수 있다.

오랜 투병생활로 몸과 마음이 지칠 대로 지쳤고, 죽음을 목전(目前)에 앞둔 시점에서 제자 한 명이 물었다. "선생님이 지금 돌아가시기 전 심정이 어떻습니까?" 그러자 화담선생은 이렇게 대답했다. "삶과 죽음의 이치를 안 지 내 이미 오래니 마음이 편안하다. 이제야 알았다. 최고의 진리는 죽을 때 웃으며 죽는 것이다. 오호통재(嗚呼 痛哉)라! 아무리 유능하고 많이 가지면 무엇하나? 죽을 때 웃으며 죽는 것이 삶의 진정한 진리다." 그리고는 얼마 후 돌아가실 때 자기의 죽음을 지켜보며 웃으면서 평화롭게 가셨다.

또한 생을 의미있게 마감한 분으로 모리 슈워츠 교수를 꼽을 수 있다. 모리 교수는 77세 나이에 루게릭병에 걸렸을 때 그는 자신의 병을 받아들이고, 자신에 주어진 남은 시간동안 우리들에게 살아있음의 의미, 죽어감의 의미를 들려주었다. '우리가 어떻게 죽어야 할지를 알면 어떻게 살아야 할지를 알 수 있다'는 메시지를 보내주었다. 삶에 정말 중요한 것이 무엇인지 곱씹어보게 한다. 타인을 동정하고 공동체를 사랑하는 마음을 배우게 하고 또 사는 것과 함께 죽는 것을 소중히 여기는 마음을 배우며, 목숨이 끝나는 마지막 순간까지, 스승으로서의 직분 또한 버리지 않았던 위대한 스승이었다. 그는 삶을 사랑하였고, 죽음 또한 기꺼이 받아들였으며, 행복하게 세상을 떠났다. 품위있는 죽음을 맞이한 분으로 김수환 추기경을 들 수 있다.

김 추기경은 생전에 생명 연장을 위한 어떠한 조치도 취하지 않도록 당부함으로써 임종을 맞이하여 산소 호흡기나 심폐소생술 등의 처치를 받지 않았고, 안구와 장기 기증으로 인간의 생명을 존중하는 나눔의 실천을 하고 신부복과 묵주만 남기고 평화스러운 마음으로 조용히 생을 마감했다.

김수환 추기경의 장기 기증으로, 그동안 장기 기증을 회피하던 국민의 마음을 움직여, 생명 나눔 운동과 장기 기증운동으로 전국에 확산시키는 계기가 되었다. 성철 스님은 기우고 기워 누더기가 된 가사(袈裟) 두 벌만을 남기고 입적(入寂)하였으며, 한경직 목사는 집 한 채, 통장 하나 남기지 않고 오직 휠체어, 지팡이, 겨울 털모자만 남기고 소천(召天)하였다.

앞을 못 보는 장애인으로 모든 고난을 이겨내고 미국 백악관 국가장애위원회 정책 차관보에 까지 올랐던 강영우 박사는 시한부 판정을 받은 이후 '죽음 너머의 더 좋은 일'이라는 말로 췌장암과 화해했다. 그는 죽음은 아름다운 세상으로 가기위한 하나의 과정이라고 확신하였다. 생명이 한 달 밖에 남지 않았다는 판정을 받았음에도 그의 마지막 말은 "감사합니다." 였다. 그는 임종을 앞두고 부인에게 보낸 편지에서 "아직도 봄날 반짝이는 햇살 보다 눈부시게 빛나고 있는 당신을 난 가슴 한가득 품고 떠납니다. 지난 40년 간 늘 나를 위로해 주던 당신에게 난 오늘도 이렇게 위로를 받고 있습니다. 미안합니다. 더 오래 함께 해주지 못해서 미안합니다."라고 했다.

췌장암이란 손님이 찾아 왔을 때 빙그레 웃으며 "여기까지!"라고 하며 숨을 거두었다.

2014년 5월 떠난 장영희 서강대 교수는 죽기 한 달 전부터 제자들에게 일일이 희망과 격려의 이메일을 보냈다. 자기 장례식에서 심부름해줄 제자들에게 줄 수고비로 150만원을 맡겨놓고 떠나갔는가 하면, 폐암 4기의 몸으로 마지막 강의를 마친 지 한 달 만에 떠난 송하원 연세대 교수는 그간 항암치료로 빠진 머리를 가발로 가리고 진통제로 극심한 통증을 누르면서도 휴강 한 번 없이 마지막까지 밝은 모습으로 강의를 했다. 형편이 어려운 제자들을 불러 돈을 쥐여 주고 "힘들어도 꿈을 잃어선 안 된다."며 어깨를 다독여줬다.

그는 학교에 장학금 3,000만 원을 맡기고 세상을 떠났다. 미국 애플의 스티브 잡스는 췌장암 진단을 받고나서 죽음을 응시하며 살았다. 아침마다 거울을 보고 '오늘이 마지막 날이라면 뭘 할까'를 자문했다. 2005년 스탠퍼드대학 연설에서 그는 "죽기를 바라는 사람은 없지만 죽음은 우리 모두의 종착지"라며 "인생에 이 보다 훌륭한 발명품은 없다."고 말했다. 곧 죽는다는 사실이 삶을 바꾼다. 용감하게 죽음을 맞이한 사례로 '타이타닉호'와 '버크헤드호' 침몰 사건을 들 수 있다. 1912년 4월 14일 밤 세계 최대의 여객선 타이타닉호가 항해 중 대서양에서 빙산과 충돌

침몰하였을 때, 2,223명이 타고 있었다. 31.8%인 706명만이 살아남고 1,517명이 사망하였다. 월래스 하트레이가 지휘하던 8명의 악단(樂團)은 갑판 위에서 배가 거의 수직으로 기울어 침몰을 시작할 때까지, 계속 연주를 하다가 전원 사망하였다. 타이타닉호 선장 에드워드존 스미스 선장도 승객 700여 명을 살리고 배와 함께 최후를 맞이하였다. 또한 버크헤드호 침몰사건은 1852년 2월 남아프리카공화국 케이프타운 근처 바다에서 암초에 부딪혀 일어난 침몰사건이다. 승객은 영국 73보병연대 소속 군인 472명과 가족 162명, 구명보트 3대 뿐으로, 180명만 탈 수 있었다. 탑승자들이 서로 먼저 보트를 타겠다고 몰려들자, 그 모습을 보고서 함장 세튼 대령이 외쳤다. "그동안 우리를 위해 희생해 온 가족들을 우리가 지킬 때다. 어린이와 여자부터 탈출시켜라." 아이와 여성들이 군인들의 도움을 받아 구명보트로 옮겨 탔다. 마지막 세 번째 보트에는 아직 자리가 남아있었으나 군인들은 아무도 타지 않았다. 함장을 비롯한 군인 470여 명은 구명보트를 타고 있는 가족들을 향해 거수경례를 하며 배와 함께 가라앉았다. 버크헤드 사건을 계기로 위기 때 약자를 먼저 배려하는 '버크헤드 정신'이 영국 국민의 전통으로 자리 잡았다. 요사이 블로그와 SNS에서 '버그헤드 정신을 기억하자'는 글이 확산되고 있다. 이는 세월호 선장과 일부 선원들이 승객을 앞세우기는 커녕 자기부터 살겠다며 배를 빠져나온 분노를 담고 있다. 죽음을 태연자약하게 맞이한 사람으로 성삼문(成三問)을 들 수 있다.

그의 〈절명시(絶命詩)〉는 다음과 같이 표현하고 있다.

擊鼓催人命 격고최인명
回頭日欲斜 회두일욕사
黃泉無一店 황천무일점
今夜宿誰家 금야숙수가

북소리 둥둥 울려 사람 명을 재촉하네
고개 돌려 바라보니 해도 지려 하는구나
황천 가는 길에는 주막 한 곳 없다하니
오늘 밤은 어느 집에 묵어갈까?

이 절명시는 고려 정몽주의 단심가(丹心歌)와 함께 죽음을 두려움 없이 떳떳하게 맞이한 충성심과 용기에 우리는 고개 숙이지 않을 수 없다.

또한 절체절명(絶體絶命)의 순간 살신성인을 한 의인(義人)으로 천안함 침몰사건 때 인명구조 활동을 하다 세상을 떠난 한주호 준위, 세월호 침몰 시 자기 구명조끼를 벗어 학생들에게 주고 여러 승객의 생명을 구한 뒤 숨진 의사자(義死者)들이 있는가 하면, 임종의 순간에도 밝은 유머를 남기고 떠난 사례도 있다. 뉴욕에 있는 열한 명의 자녀를 훌륭하게 키워낸 90세 된 어느 어머니가 임종을 맞이하게 되었을 때 온 가족이 모여 미사를 올렸다. 미사가 끝나자 어머니는 눈을 번쩍 뜨고서 "나를 위해 모두 기도를 했구나, 고맙다. 그런데 위스키 한 잔 마시고 싶은데"라고 말하여 모두 놀랐다. 위스키 한 잔을 가져오자, 어머니는 한 모금 마시고는 이번에는 "담배를 피우고 싶구나."라고 말하는 것이었다. 이 말을 들은 장남이 "의사가 담배는 좋지 않다고 말 했어요."라고 하자, 어머니는 "죽는 것은 의사가 아니라 바로 나지, 담배 한 개비 주게나."라고 응답했다. 그녀는 여유 있게 담배를 한 개비 피우더니 모두에게 감사를 표한 뒤 "천국에서 다시 만나자, 안녕."이라고 말하고는 옆으로 누워 그대로 숨을 거두었다. 그때 슬퍼했던 자녀는 한 사람도 없었다. 죽음의 순간 그녀가 보여준 밝은 유머를 생각하며, 어머니답게 행복하게 돌아가신 것을 이야기하며 어머니의 명복을 빌었다.

그러나 대부분 사람들은 임종을 맞이하여 세속적인 집착에서 벗어나지 못하고 망연자실(茫然自失) 슬퍼하며, 고통과 두려움 속에서의 죽음을 맞이한다. 이러한 죽음은 좋은 죽음이라 할 수 없다. 좋은 죽음은 익숙한 환경(가정) 속에서 가족의 보살핌을 받으며, 존엄과 존경을 유지한 채, 자신의 죽음을 깨어서 바라보면서 고통 없이 죽어가는 것이 아닐까!

3. 죽는 자를 보내는 방법

스위스 출신 정신과 의사 엘리자베스 퀴블러로스는 '사망과 임종에 대하여' 에서 죽음의 과정의 정신 상태(말기 환자)를 분석한 5단계 모형을 제시하였다. 대체적으로 죽음의 과정(정신상태)은 ① 부인 - ② 분노 - ③ 거래 - ④ 우울 - ⑤ 수용의 단계를 거치게 된다고 하였다. 이상의 죽음의 과정에서 특히 '우울', '수용' 단계에서 존엄한 임종을 맞이할 수 있도록 가족의 이해와 도움이 절실히 요구 된다고 한다. 죽음을 맞이하는 사람들에게 우리가 해 줄 수 있는 일은

첫째로, 죽음을 분명하게 알려 주는 것이다. 죽을 것이 분명한데도 대부분의 사람들은 환자에게 죽음을 숨긴다. 죽음을 알리면 환자들은 이승에 미련을 버리지 못하고 죽을 것을 두려워하며 가족들이 자기를 포기했다고 생각할까봐 겁을 낸다. 그러나 이러한 숨김의 관계에서는 환자와 진정한 교감을 할 수 없다. 죽음을 앞둔 사람에게 그가 분명히 죽어가고 있음을 알려주고 생의 마감을 정리하도록 해야 한다. 죽음을 숨기는 이유가 과연 환자를 위한 것인가를 분명히 생각해봐야 한다. 다가올 죽음에 대해 말하는 것을 꺼려야 할 때, 우리는 죽어가는 사람을 끔찍한 육체적 정신적 고통으로 고립시키게 된다. 오히려 자신이 죽음의 날이 얼마 남지 않았다는 말을 가장 가까운 가족들에게 듣는 것은 죽어가는 사람이 죽음을 준비하게 하고 죽음의 길을 편히 갈 수 있다는 안도감을 갖게 할 수 있다.

죽음을 맞이하는 사람에게 반드시 해야 할 두 번째 일로 우리

의 사랑을 아낌없이 보여주는 것이다. 우리의 사랑을 아낌없이 줌으로써 그가 남은 가족과 친구들에 대한 집착을 버리도록 할 수 있다. 죽음을 앞둔 사람은 위안과 안도감, 애정과 사랑을 누구보다도 절실히 원하고 있다. 이제는 모든 집착을 내려놓고 마음 놓고 떠나도 괜찮다고 말해주어야 한다. 욕망과 집착은 주로 애정 결핍에서 온다. 그러므로 죽어가는 자가 욕망, 집착, 분노 등의 괴로운 감정들로부터 자유롭게 해주기 위해서 우리가 그를 얼마나 사랑하는지 분명히 말해주어야 한다. 우리의 사랑을 남김없이 보여주는 또 한 가지 방법은, 죽어가는 사람과 함께 침대에 누워서 손을 잡거나 환자를 꼬옥 안아주면서 하고 싶은 이야기를 서로 나누고, 특히 환자의 말을 선입견과 주관적 견해를 버리고 경청하는 것이다. 이러한 경청을 통해 죽기 전에 모든 사람과 모든 일을 화해와 용서를 하고 아쉬웠던 일, 섭섭한 일을 훌훌 털고 자유롭게 떠날 수 있게 해준다.

세 번째로 가장 중요한 일은 죽음이라고 하는 것이 인간으로서 성장할 수 있는, 영적(靈的)인 성취를 얻을 수 있는 중요한 기회라는 것을 알리고 그 기회를 놓치지 않도록 격려해 주는 것이다. 죽음이 끝이 아니라 새로운 삶의 시작이며, 먼저 가신 부모와 사랑하는 사람을 만날 수 있고, 내세(來世)가 분명히 있음을 이야기하여 줌으로서 죽음을 두려움 없이 맞이할 수 있도록 해야 한다. 또한 무엇보다도 자기 죽음을 깨어서 지켜볼 수 있도록 격려해야한다.

4. 죽음의 준비와 사계(死計)

· 사계(死計)

옛날 전통 지식층에서는 어떻게 해야 죽음을 두려워하지 않고 보다 편안한 마음으로 맞을 수 있느냐는 사계문화(死計文化)가 있었는데, 송나라 학자 주신중(朱新仲)의 〈인생 오계론(五計論)〉곧 생계(生計), 신계(身計), 가계(家計), 노계(老計), 사계(死計)의 영향을 받아 '오멸(五滅)'이라는 노후(老後) 철학이 그것이다. 그 하나가 삶에 미련을 잡아두는 재물(財物)을 극소화해야 죽음이 편안해진다는 멸재(滅財)요, 그 둘이 멸원(滅怨)으로 살아오는 동안 남에게 산 크고 작은 원한을 애써 풀어버릴수록 죽음이 편안해지며, 그 셋이 멸채(滅債)로 남에게 진 물질적, 정신적 부채를 청산하는 일이다. 그 넷이 멸정(滅情)으로 정든 사람, 정든 물건으로부터 정을 뗄수록 죽음이 편해지며, 그 다섯이 죽으면 끝장이 아니라 죽어서도 산다는 멸망(滅亡)이다. "죽어서도 산 사람과 더불어 사는 제례(祭禮)가 발달한 옛 한국인만큼 안락한 마음으로 죽을 수 있는 노인은 세상에 없다."고 독일 노인의 대모(代母)인 운루 할머니가 말했듯이 안락하게 죽음을 맞이할 수 있도록 사계를 잘 세워야 할 것이다.

· 죽음 준비에 대한 것을 미리 의논하고 적어 두기

'내가 입던 옷이나 아끼는 물건은 어떻게 처리해 주기를 원하는지', '나는 어떤 식으로 죽고 싶은지', '내 장례식은 어떻게 해주기를 원하는지'를 사전에 가족들과 함께 서로 의견을 나누어 보고, 임종 직전에 무의미한 연명치료 여부를 결정하는 '사전 의료 의향서'와 자신이 사망할 경우, 장례방식과 장소, 간소한 장례를 위한 장례절차와 장례의식에 관한 의견을 '사전 장례의향서'에 기록해두고, 자신의 죽음이 가까워졌다고 생각하고 유언장을 작성해 둔다. 유언장에는 자신의 재산에 대한 처리 문제도 포함하되 법적 문제가 생기지 않도록 변호사를 통해 공증(公證)해 두면 더욱 좋을 것이다.

· 죽음 체험과 죽음 교육

죽음 체험을 통해 삶과 죽음의 의미를 되새기고 죽음의 공포로부터 벗어나자는 의미에서 죽음 체험을 권장하는 곳이 있다. 죽음을 체험하는 방법은, 캄캄한 어둠 속, 저승사자의 길안내를 받으며 묘지에 들어가 수의를 입고 좁은 관 속에 들어가 눕자, 곧바로 관 뚜껑이 굳게 닫힌다. 이어 못질 소리가 울려 퍼지고 관 위에 흙이 뿌려진다. 이때 마음속으로 가까운 가족이나 친구, 연인 등에게 마지막 하직인사를 하면 죽음이 더욱 실감난다. 그러다 보면 지나온 한평생의 삶이 파노라마처럼 펼쳐지며 삶과 죽음이 둘이 아닌데 어쩌자고 그렇게 찢고 빻으며 살았는지 회한과 용서의 눈물이 뺨을 적신다. 이와 같이 실제로 죽음체험을 하면 평소 가족을 소홀히 했던 자신의 행동을 반성하게 되고 앞으로의 삶의 의미(意味)와 현재의 삶에 최선을 다해, 후회 없이 살다 가겠다는 결심을 다짐하게 된다고 한다. 또한 '한국 죽음학회' 모임에 참석해 강의를 들어보거나 장례식에 가서 그 절차를 참관하는 것은 자신의 죽음에 대해 생각해 볼 수 있는 유일한 기회가 된다. 죽음을 연습하는 방법으로 '만약 죽음이 6개월이 남았다면 무엇을 할까?'라는 주제로 죽음을 직시(直視)하는 연습을 해보면, 삶의 소중함을 깨닫고 바로 남은 시간을 의미 있고 가치있게 살기 위해 최선을 다한다는 것이다. 이는 실제로 죽음이 다가올 때를 상정하여 행하는 예행연습이므로, 현 시점에 있어서 삶을 재발견(再發見)하게 된다. 이런 연습을 통해 보다 성숙한 생사관을 몸에 익히게 될 것이다. 최준식 교수는 '너무 늦기 전에 들어야 할 죽음학' 강의에서 "죽음을 공부해야 삶이 깊어진다."고 했다.

'Memento mori' '죽음을 기어하라.'는 말이 있다. 이는 늘 죽음을 기억하는 삶 속에 자신을 뒤돌아보고, 반성하며 충실하게 살라는 것이다. 죽음을 잊으면 삶이 덩달아 잊어진다는 것이다. 그러므로 문득문득 길을 걸어갈 때나 차 속에서 나는 누구이며, 어떻게 끝날 것인가? 를 고민해야 한다.

대구 천주교 교구청 안에 성직자 묘지가 있다. 이곳은 신부와 수녀로 평생을 헌신한 사람들이 묻혀있다.

성직자 묘지 입구 표시판에 'HODIE MIHI, CRAS TIBI' 라는 글자를 볼 수 있다. '오늘은 나, 내일은 너' 란 뜻으로 남의 죽음을 보면서 다음은 내 차례가 될 줄 알고 죽음을 잊지 말고 하루하루를 열심히 살아가라는 의미를 담고 있다. 우리는 죽음을 바라봄으로써 자신에게 주어진 시간이 제한되어 있다는 현실을 재인식하게 된다. 그래서 죽기 전에 하루하루를 어떻게 살아야 좋을지 생각하며, 의미 있는 삶을 위해 최선을 하게 된다. 죽음 준비교육은 죽음 준비를 통해 삶을 보다 의미 있게 변모 시키고자 하는데 있다.

따라서 죽음 준비는 삶을 준비하는 것이다. 어떻게 보면 밤에 잠자는 것은 죽음에 대한 연습이고, 아침에 눈을 뜨는 것은 부활에 대한 연습이 아닐까?

· 죽음을 앞둔 사람들이 산 사람들에게 남긴 말을 교훈으로
  삼자

사람은 죽을 때가 되면 지나온 인생을 회고하면서 대체로 '베풀지 못한 것에 대한 후회', '참지 못한 것에 대한 후회', '좀 더 즐기지 못한 것에 대한 후회'를 하며 죽음을 맞이하게 된다고 한다. 죽음을 앞둔 사람이 그토록 간절히 후회 하였던 '베품, 참음.

즐김'은 오늘을 살아가는 우리들에게 후회 없이 살기 위해서는 어떻게 살아가야 할 것인가? 그 방향을 시사해주고 있다.

죽어가는 사람들로 부터 가장 큰 교훈은 '지금 이 순간을 사랑하라'고 '삶의 마지막 순간에 간절히 원하게 될 것' 그것을 지금 하라고 하는 것이다.

우리는 죽음을 앞두고 후회한 선배들의 사례를 교훈삼아 삶의 종착지를 보고 자신의 남은 삶을 후회 없이 누려야 할 것이다.

· 죽음에 관련된 책을 읽고 죽음의 의미를 음미해 보자

죽음은 우리 삶의 일부이다. 죽음을 눈앞에 맞이하였을 때 생경스럽지 않으려면 미리 공부해 두는 것이 좋을 것이다. 죽음에 관한 참고서적인 '인생 수업', '모리와 함께한 화요일', '죽음의 의미', 성경(The bible), 불교 서적, 등 죽음과 관련된 서적들이 수없이 많이 있다. 여가시간이 있을 때 필연(必然)이 다가올 죽음을 위해 관련 서적을 읽고 공부를 해두면 죽음을 현명하게 두려움 없이 맞이할 수 있을 것이다.

· 죽음 및 내세와 관련된 종교적 교훈을 유념하자

죽음은 현실 문제이지만 철학적 명제(命題)요, 종교에서 많이 다루는 문제이기도하다. 따라서 죽음이나 내세(來世)와 관련된 종교적 교훈에 유념하여 평소의 삶을 잘 꾸려 나간다면, 언젠가

다가올 위엄(威嚴)을 가지고 본향(本鄕)에 돌아가듯 아름다운 이별을 맞이할 수 있을 것이다. 인생은 무상(無常)한 존재요 아무리 오래 산다고 해도 겨우 백여 년의 삶일 뿐이다.

유구한 영겁(永劫)으로 보면 인생 백년은 찰라(刹那)요, 수유(須臾)에 불과하다. 우리는 죽음을 바라봄으로써 자신에게 주어진 시간이 제한되어 있는 현실을 재확인하게 된다. 그래서 죽기 전에 하루하루를 어떻게 살아야 좋을지 생각하게 되므로 죽음 준비교육은 바로 삶의 교육이 아닐 수 없다. 따라서 잘살아야 잘 죽을 수 있다고 할 수 있다. 탈무드에 "어리석은 자에게는 노년은 겨울이지만, 현자에게는 노년은 인생의 황금기라고 한다." 우리는 인생의 황금기를 맞이하여 '오늘은 내 남은 생애의 첫날(Today is the first day of your life)'인 것처럼 남은 시간을 의미 있고 최선을 다하는 삶을 살다가, 웃으며 여러 사람의 축복 속에 떠날 수 있는 낙법(Learning to fall)을 익혀야 한다.

5. 죽음을 깨어서 지켜보기

죽음을 깨어서 지켜본 사람 중에 대표적인 사람이 소크라테스이다. 그는 독배를 마시고 천천히 자신이 죽어가는 모습을 지켜보며 평화스럽게 죽었다. 정재걸 대구교대 교수는 "죽음의 순간에 깨어서 지켜보면 나는 내 몸도 마음도 아니라는 것을 깨달을 수 있다. 깨달음이란 결국 내 몸도 내 마음도 내가 아니라는 것을 깨닫는 것이다. 그렇다면 내 몸도 아니고 내 마음도 아닌 나는 누구일까? 바로 지켜보는 자가 나이다. 나의 몸과 나의 마음을 지켜보는 자가 진정한 나이다."라고 했다.

죽음을 지켜보기 위해서는 항상 지켜보는 연습을 해야 한다. 먼저 자신의 몸을 지켜보는 연습을 하고 다음에는 자기 행동을 지켜보고, 자기 마음을 지켜보는 연습을 하면 죽음을 맞이할 때, 자기의 죽음을 깨어서 바라볼 수 있으며 고통 없이 행복하게 떠나갈 수 있다.

살아있는 자에겐 죽음은 피할 수 없는 운명적 상황이다. 영원한 삶을 갈구했던 진시황도 불로초를 구하러 동남동녀 500명을 동해로 보내기까지 했지만

49세(BC.259~BC.210)의 나이로 사망하고, 그의 무덤 주위엔 사후(死後)에도 황제를 호위한다는 병마용(兵馬俑)이 오늘에 와서야 발굴되고 있을 따름이다.

우리는 누구나 죽음 앞에 서면 숙연해지고 진지해진다.

우리는 이 세상을 언제고 떠날 준비를 하면서 살아야한다. 언제 죽더라도, 죽을 수 있는 마음의 준비는 얼마나 중요한 일인가? 언제 떠나더라도 조용하게 떠날 준비를 하는 생사관을 확립하는 것이 참으로 중요한 일이다. 죽음은 예고 없이 우리를 찾아온다. 죽음의 차가운 손이 언제 나의 생명의 문(門)을 두드릴지는 모른다. 그 때는 사랑하는 나의 모든 것을 두고 혼자 떠나야한

다. 인생에 대한 집착과 물질에 대한 탐욕을 버려야 한다.

오늘이 어쩌면 나의 삶이 마지막 일지도 모른다는 생각에 주어진 오늘에 감사하며 최선을 다하는 삶이 되도록 해야 할 것이다. '나는 누구인가?' '어디서 와서 어디로 가는가?' '언제 어떤 모습으로 인생의 무대에서 내려가게 될까?'를 생각하면서 죽음이라는 거울을 통해 삶을 관조(觀照)하고, 인생을 진지하게 살아야 한다.

자신만을 위한 이기적 삶 보다 사랑하며, 나누며, 남을 도우며 더불어 살아가야한다. "하늘을 우러러 한 점 부끄러움이 없이 살고 싶다."던 윤동주 시인(詩人)의 바람을 가지고 살다가, 사랑하는 가족의 축복 속에서 자신의 죽음을 바라보며, 웃음으로 맞이하자. 하루해가 온 세상을 밝게 비춰주고 서산으로 넘어가듯이, 우리도 언젠가는 이 지상에서 사라질 것이다.

맑게 갠 날만이 아름다운 노을을 남기듯이 우리 몫의 삶을 다했을 때 그 자취는 곱고 아름답게 비칠 것이다. 남은 날이라도 내 자신답게 최선을 다해 살다가 내 저녁노을을 장엄하게 물들이고, 천상병 시인의 말처럼 아름다운 이 세상 소풍 왔다 가듯, 석용산 스님의 시(詩)에서 노래하듯, 솔바람 한 줌, 댓 그늘 한 자락, 풍경 소릴 듣고 자유로운 영혼이 되어 그리운 부모님이 기다리고 있는 하늘나라로 돌아갈 것(歸天)을 소망한다.

3부
원만한
인간관계

참 만남의 의미

억겁(億劫)의 세월 속에 우리 인생은 서로의 인연이 있어서
이 세상에 잠깐 머물러 가지만 어김없는 세월의 흐름 속에 우리들의 만남이
참 행복의 연속이 되도록 해야 할 것이다.
참 만남은 스침이 아닌 인격적 감동의 계기를 창조하는
혼(魂)과 혼(魂)의 만남이다.

실존 철학자인 마틴 부버(Martin Buber)는 그의 저서 《나와 너》에서 '진정한 삶이란 만남'이라고 말했다. 사랑하는 연인과 만나 달콤한 속삭임을 나누면 시간 가는 줄을 모른다. 이른 아침 해변에서 황홀한 일출과 마주쳤을 때, 좋은 그림이나 마음을 흔드는 음악을 만났을 때, '우리는 살아있기를 잘 했다, 나는 지금 인생을 살고 있다!' 하면서 생을 실감하게 된다. 부버(Buber)가 말한 '만남'이란 이처럼 삶을 풍요롭게 해주는 모든 것과의 마주침을 뜻한다. 이 만남은 자아발견의 토대가 되고 결국 사는 보람의 계기가 된다. 마음과 마음을 나누는 진심과 진심의 접촉이다. 한 인간이 전 생애를 통하여 수많은 사람과의 만남과 헤어짐이 이루어지지만 단순한 스침의 만남이 아닌 혼(魂)과 혼(魂)이 통하는

진정한 참 만남의 경우는 극히 드문 일이 아닐 수 없다. 만남의 인연은 불가(佛家)의 윤회설(輪回說)에서는 전생에 억겁(億劫)의 세월을 거치는 동안 인과업보(鞨磨, Karma)에 의해 맺어진다고 한다. 우리들이 살아가는 모든 생활사(生活史)가 만나고 헤어지는 인연일 진데, 흔히들 옷깃만 스쳐도 전생의 인연이라고 한다. 옷깃 스치는 인연을 3생의 인연이라 하고, 입 섞어 서로 말하는 인연을 수생의 인연, 한 지붕 밑에서 사는 인연을 수십 생의 인연이라 하고, 부모, 형제, 부부, 사제 간의 인연을 수백 생의 인연이라 이야기하고 있다. 인생은 만남의 연속이고, 죽음은 마지막 만남이다.

이 세상에 태어나서 어머니와 아버지를 처음 만났고, 또 형제와 이웃, 친구를 만나고, 학교에 가서 선생님을 만난다. 더 자라면 이성을 만나고 서로 사랑하게 되면 결혼까지 하게 된다. 만남이란 참 이상한 인연이다. 가수 노사연이 부른 노래 '만남'에서의 가사와 같이 만남은 우연이 아닌 것이다. 그러나 때로는 우연한 만남이 나에게 기막힌 행복을 주는 때도 있고, 나에게 막대한 해를 끼치는 수도 있으니 사람과 사람이 만나는 것은 참으로 기이한 일이 아닐 수 없다. 그 많은 이미 죽은 사람들이며, 현재 살아있는 그 많은 사람들 중에 하필 살아서 같은 시간, 같은 장소에서 만나다니! 그 많은 사람들 중에 그 무슨 큰 인연이 있어서 지금의 내 아내와 만났을까?

지난날 나를 가르쳐 주신 여러 선생님과의 만남, 또한 내가 가르친 수많은 제자들과의 만남이 참으로 후회 없는 만남이었을까?

　삼국지에 나오는 유비, 관우, 장비, 제갈공명의 만남의 인연과 그들과 평생을 싸운 조조와의 만남을 비교해 보면, 전자(前者)들은 후세에 길이 남은 의(義)의 본보기이나, 조조와의 인연은 베풀어도 적으로 대하게 되는 악연이 되고 마니, 역시 전생의 업(業)인지 모른다. 한 인간의 완성의 배후에는 반드시 훌륭한 스승의 만남과 가르침이 있었다. 베드로와 예수, 석가와 아난(阿難)의 만남은 인생의 희귀한 만남이다. 두 영혼과 영혼의 조우(遭遇)에서 깊은 대화가 이루어졌고 영원한 생명을 희구(希求)하는 신앙의 문을 열 수 있었으며, 소크라테스와 플라톤, 공자와 안연(顔淵)은 깊은 교육적 만남이다. 두 인격의 조우에서 정신과 사상의 향상을 높일 수 있었고 진리의 대화를 꽃 피우게 하였다. 또한 간디와 네루의 만남으로 인도 해방의 대업(大業)이 이루어졌다. 그것은 한민족의 독립과 자유를 낳기 위한 인격과 인격의 해후(邂逅)였다. 눈멀고 귀멀고 벙어리였던 삼중고(三重苦)의 삶을 살던 헬렌켈러가 가정교사 A.M.설리번을 만남으로서 위대한 교육자와 저술가로 대성(大成)할 수 있었을 뿐 아니라, 세계의 수많은 농맹아(聾盲啞)에게 희망과 성취감을 줄 수 있었다.

지나간 역사 속에서 기이한 만남은 여기서 인용할 수 없을 만큼 많다.

　하물며 우리 일상생활에서의 만남은 말해 무엇하랴. 아침에 택시기사가 누구를 첫 승객으로 맞이하느냐에 따라 택시기사의 하루의 운행노선이 결정된다. 만남에도 사람과의 만남, 나라와 그 시대와의 만남, 자연과의 만남, 책과의 만남, 종교와 예술과의 만남 등 인간은 수많은 만남의 연속 속에서 살아간다. 특히 나라와 시대를 잘 만나고 부모를 잘 만나고 형제를 잘 만나고, 친구, 동료, 스승, 선후배, 제자를 잘 만나는 사람은 얼마나 복된 사람인가. 어느 스승의 말 한 마디에 자극되어 분발해서 생애에 큰 전환을 가져온 예는 너무나 많고, 친구를 잘못 만나서 그만 끔찍한 죄인의 길로 가게 된 경우도 많다. 남북 이산가족이 50여년 만에 상봉하여 얼싸안고 눈물을 흘리고 있는 감격적인 만남, 중국의 관중과 포숙아의 깊은 우정의 만남, 여러 다른 소리를 내는 음들이 서로 조화를 이루어 아름다운 화음을 내는 음들의 만남, 스승과 제자간의 영혼과 영혼의 만남을 통한 교육활동은 진정한 참 만남일 것이다. 이와 같은 참 만남을 위해서는 현재, 지금의 만남을 가장 중시 하여야 한다. 톨스토이의 《인생론》에서 가장 중요한 삶은 오늘 지금이 가장 중요하며, 지금 만나는 사람이 중요할 뿐 아니라 지금 옆에 있는 사람에 선(善)을 행하는 일이라 했다. 우리는 오늘이 마지막 날인 것처럼 최선을 다하여 현재의 이 순간 속에, 지금 만나고 있는 사람을 위하여 사랑과 선을 행하는 삶이 영위되어야 한다. 만남은 마음과 마음을 나누는 진심과 진심의 접촉이다. 독일의 정신과의사 테렌바흐는 "만남은 몸의 가장 깊은 곳에서 일어나는 지각(知覺)현상, 정신적인 맛, 또는 냄새이며 말이나 생각 이상으로 사람들을 내적(內的)으로 결부시킨다."고 설명했다.

Otto Friedrieh Bollnow는 저 유명한 '실제적 교육관'의 대명제(大命題)로 "만남이 교육에 선행한다."라고 외쳤다.

이 만남이 있어야 '깨닫고', '사람됨'의 교육이 이룩된다고 하였다. 여기서 만남이란 스승과 제자간의 서로의 스침이 아니고 인격적 감동의 계기를 창조하는 혼(魂)과 혼(魂)의 참 만남이어야 한다.

우리는 인간과의 만남 뿐 아니라 들에 핀 꽃 한 송이, 하늘에 뜬 해와 달, 산과 들에 자란 나무와, 풀 한 포기와의 만남도, 자연에 감사하고 자연을 소중히 하는 마음으로 대해야 할 것이다.

또한 좋은 책이나 음악, 종교, 미술작품을 만나면 감명을 받거나 심장의 변화를 일으키는 경우가 많다. 만남 중에서 책과의 만남 또한 매우 중요하다.

동서고금의 위인들과의 정신적 만남을 갖는 길은, 오직 책을 통해서 뿐이다. 《논어》,《도덕경》을 통해 공자와 노자를 만날 수 있으며, 성경, 불경을 통해 예수와 석가를 만날 수 있다. 위인전

을 읽음으로서 세종대왕, 에디슨, 슈바이처, 이순신, 링컨, 셰익
스피어와 만나 그 분들의 사상과 지혜를 본받을 수 있을 것이다.
이처럼 어떤 만남 속에서 인생을 변화시키는 예지(叡智)를 붙잡
는 것은 이성이 아닌 감성과 육감(肉感)의 힘이다. 따라서 귀중한
만남을 마음 깊이 받아들이기 위해서는 감수성을 갈고 닦을 필
요가 있다.

억겁(億劫)의 세월 속에 우리 인생은 서로의 인연이 있어서 이
세상에 잠깐 머물다 가지만 어김없는 세월의 흐름 속에 우리들
의 만남이 참 행복한 삶의 연속이 되도록 노력해 나가야 할 것이
다. 여러 음이 만나서 아름다운 화음을 내듯이!

배려하는 삶

배려는 거창한 것이 아니라 민들레 홀씨처럼 작은 것이지만
날아가 가슴에 안기면 감동의 꽃을 피울 수 있을 것이다.

배려의 사전적 의미는 '도와주거나 보살펴 주려고 마음을 씀'
으로 정의하고 있다. 어학사전에는 '여러 가지로 마음을 써서
보살피고 도와줌.' 혹자는 "상대방의 입장에서 관점을 가지고 도
와줌"이라고 말한다.

이와 같이 배려라는 것은 '남을 위해 나의 마음을 쓰는 모든
것'이며 남을 위한 좋은 마음 씀씀이라 할 수 있다. 배려는 마음
을 끌어당기는 자석과 같아서 누군가 나에게 배려해주면 그가
고맙게 여겨진다.

또한 나도 그를 배려해주고 싶어 한다. 그래서 배려가 몸에 밴
사람의 곁에는 항상 사람들로 넘쳐난다. 그럼으로 인간관계가
원만한 사람은 '배려'를 생활화 한다. 그렇다고 그들이 거창하

거나, 물질적으로 큰 도움을 주는 것은 아니며 작고 사소한 부분까지 세심하게 상대방을 배려하는 것이다. 메난드로스는 "마음을 자극하는 유일한 사랑의 영약은 진심에서 오는 배려이다."라고 했으며, 한상복은 배려의 다섯 가지 실천 포인트로 "① 상대방이 원하는 것을 주는 것. ② 받기 전에 먼저 주는 것, ③ 날마다 노력해야 하는 것, ④ 자연스럽고 즐거운 것, ⑤ 사소하지만 위대한 것."을 들고 있다.(한상복 《배려》). 제(齊)나라 명재상 인영은 '부지천한(不知天寒)'이라는 명언을 남겼다. 글자 뜻으로 보면 '날씨가 추운 줄 모른다.'이나 자기 배가 부르면 종이 배고픈 줄 모른다를 의미하며 이는 '상대를 배려하고 이해하여야 함'으로 널리 인용되고 있으며,《史記》〈회음후 열전(淮陰候 列傳)〉에 '해의 추식(解衣推食)'이라는 명구(名句)가 실려 있다. 이는 '옷을 벗어주고 음식을 준다.'는 뜻으로 '다른 사람을 배려하여 사심 없이 베풀어 준다.'를 의미하고 있다. 또한 조선 순조 때 이양연(李亮淵)의 작품으로, 김구 선생의 애송시인 '눈 밟으며 들길을 갈 때, 모름지기 함부로 걷지 마라. 오늘 내가 남긴 발자취가 뒤 따라 오는 이의 길잡이가 되느니라.' 이 명시는 우리들의 일거수일투족(一擧手一投足)이, 다른 사람의 행위에 영향을 끼치므로 이를 배려하여 언행이 남의 본보기가 되어야함을 시사해주고 있다.

감동적인 배려 사례

사례 1_ 앞을 못 보는 사람이 밤에 물동이를 머리에 이고, 한 손에는 등불을 들고 길을 걸었다. 그와 마주친 사람이 물었다. "정말 어리석군요, 당신은 앞을 보지도 못하면서 등불은 왜 들고 다닙니까?"

그가 말했다. "당신이 나와 부딪히지 않게 하려고요. 이 등불은 나를 위한 것이 아니라 당신을 위한 것입니다."(바바 하리다스)

사례 2_ 서기 1504년 함경도 함흥 부근의 한 옹달샘에 한 처녀가 물을 긷고 있을 때, 한 나그네가 우물가에 이르자, 그 처녀에게 물 한 모금을 청했는데, 그녀는 물이 가득한 바가지에 버들잎을 띄워 건네주었다. 나그네가 그 이유를 묻자, 목이 마른 사람이 급히 물을 마시면 체할까봐 염려되어서였다고 답했다. 처녀의 이러한 배려로 두 남녀는 나중에 결혼하여 행복하게 살았다고 전해오고 있다.

사례 3_ 일본 작가 미우라 아야코가 구멍가게를 열었을 때, 자신의 가게는 번창했지만 옆집 가게들은 장사가 안 된다고 아우성이었다. 그때 그녀는 남편에게 "우리 가게가 잘되는 것이 옆 가게들을 망하게 하는 것인 줄 몰랐어요. 가게를 줄입시다. 이것이 하나님의 뜻일 것 같아요."라고 말했다. 그녀는 가게를 축소하고 손님들을 옆 가게로 보냈다. 그 결과 시간이 남게 되었고 하나님을 묵상하는 시간이 길어져 글을 쓰기 시작했는데, 그 글이 바로 〈빙점〉이라는 유명한 소설이다.

사례 4_ 노벨상 위원회는 슈바이처 박사에게 노벨 평화상 수상자로 선정되었음을 알리고 시상식에 꼭 참석해 주기를 요청했었다. 그러나 그는 노벨상 위원회에 시상식에 참석할 수 없음을 다음과 같은 이유를 들어 서신을 통해, "제가 상을 받겠다고 며칠이라도 진료실을 비우면 치료를 받으려고 저를 기다리는 수많은 환자들은 어떻게 되겠습니까?"라고 했다.

사례 5_ 우리나라 어느 시골의 동사무소 근처 모퉁이에 "누구든지 식량이 없어 어려우신 분은 필요하신 만큼 퍼 가십시오."라는 푯말과 함께 대형 쌀 뒤주를 해마다 마련해두고, 필요한 사람은 부담 없이 가져가도록 하고 항시 부족하지 않게 수시로 쌀을 뒤주에 가득 채워두고 자기 이름은 밝히지 않은 독지가도 있었다.

사례 6_ 미국 캘리포니아 한 초등학교 4학년 교실에서 있었던 일이다. 열 살 소년 셸린카는 뇌종양으로 7주 동안 방사선 치료를 받고. 머리카락이 모두 빠졌다. 다행히 건강이 좋아져 학교에 다시 갈수 있게 되었지만 친구들이 머리카락 하나 없는 자기를 어떻게 볼까 두렵고 창피했다. 마침내 학교에 가 교실 문을 여는 순간 셀린카는 깜짝 놀랐다.

같은 반 아이들 열다섯 명 모두가 빡빡 머리였다. 셀린카의 등교를 앞두고 모두 이발소에 가 동반 삭발을 한 것이었다.

사례 7_ 인도의 간디가 막 출발하려는 기차에 올라탔다. 그 순간 그의 신발 한 짝이 벗겨져 플랫폼 바닥에 떨어졌다. 기차가 이미 움직이고 있었기 때문에 간디는 그 신발을 주울 수가 없었다. 그러자 간디는 얼른 나머지 신발 한 짝을 벗어 그 옆에 떨어뜨렸다. 이유를 묻는 한 승객의 질문에 간디는 미소를 지으며 말했다. "어떤 가난한 사람이 바닥에 떨어진 신발 한 짝을 주웠다고 상상해 보십시오. 그에게는 그것이 아무런 쓸모가 없을 겁니다. 하지만 이제는 나머지 한 짝마저 갖게 되지 않았습니까?"(차동엽《무지개 원리》참조)

배려를 소홀히 한 사례

사례 1_ 한국을 찾은 빌 게이츠 MS 사장은, 한 손을 주머니에 넣은 채 박근혜 대통령과 악수를 나눴던 상황이 부적절하다는 여론이 쏟아졌다. 글로벌 비즈니스 세계에서는 상대방을 만났을 때 편하고 친근한 감정이 생길 수 있도록 해야 하는데, 그러려면 문화적 차이를 깊이 이해하고 상대에 대한 배려가 우선되었어야 할 것이다.

사례 2_ 한 해가 저물어 가는 연말에 부유한 친척이 가난한 친척을 초대 했다. 그 동안 너무 마음을 쓰지 못한 것 같아 저녁을 대접하려는 의도였다. 남산 기슭에 위치한 고급 식당에 자리를 마련했다. 부자 친척은 고급 외제 승용차를 타고 '횡' 하니 남산에 도착하였다. 하지만 가난한 친척은 추운 날씨에 버스를 두 번 갈아타고도 또 50여 분을 걸어서야 겨우 식당에 도착하였다. 아무리 유명한 식당을 선택했다고 해도, 상대를 배려하지 못한 형편없는 대접일 수밖에 없다.

이렇게 진정한 배려를 아는 사람은 자기부터 사랑하는 법을 잘 알고 있는 사람이다. 자기를 사랑할 줄 아는 사람이 타인을 사랑하는 법을 알기 때문이다.

배려는 상대방의 관점에서 바라보아야 한다. '내가 이렇게 한다면 남들이 어떤 불편을 겪을까?' 또 '남들이 나한테 이런 행동을 하면 나는 어떨까?' 남들이 어떤지를 생각하고 행동 한다면 좋은 인간관계를 유지할 수 있을 것이다.

선진국은 약자를 배려하는 나라이다. 어디 가든지 어린이와 임신부, 노약자를 위해 양보하고, 배려하는 문화가 정착되어 있다.

그동안 우리 사회에서는 장애자와 사회적 배려 대상자를 위해 많은 관심과 지원을 하고 있으며, 삶의 질이 점차 높아짐에 따라 국가와 지방 자치단체에서도 '장애자복지법'을 비롯한 실질적인 지원을 하고 있음은 참으로 다행한 일이다. 그 실례로 버스, 지하철에 노약자석, 경로석을 마련해 놓는가 하면 장애인 주차장, 장애인용 화장실, 시각장애인을 배려한 유도블럭, 음성유도 신호기, 휠체어 진출입이 가능하도록 출입문 및 계단 설치, 지하철 계단을 편리하게 이용할 수 있도록 휠체어 리프트 설치 등 다양한 편의시설을 설치하여 장애자를 배려하고 있다. 배려는 생각과 관심에서 나온다. 역지사지(易地思之)의 생각으로 이웃을 관찰하는 것이 배려의 첫걸음이다.

'~ 가 아프다. 배가 고프다. 춥다. 덥다. 좋아한다. 싫어한다. 힘들다. 불편하다. ~ 하고 싶다. ~ 하기 싫다.' 등 이웃의 말을 듣고, 보고, 관찰하는 일을 통하여 나만의 생각에서 벗어나, 진심으로 진지하게 상대를 생각하면 배려의 마음이 생긴다. 배려는 거창한 것이 아니라 민들레 홀씨처럼 작은 것이지만 날아가 가슴에 안기면 감동의 꽃을 피울 수 있을 것이다. 인간은 사회적 동물로 홀로 생존할 수 없다. 서로 도우고 배려하면서 상생(相生)하는 길이 절실한 과제이다.

효과적인 칭찬의 방향

칭찬은 고래도 춤추게 하며, 영혼의 피로를 말끔하게 가시게 하는 활력소이다.
칭찬은 시시 때때로 마셔야하는 물과 같으며 귀로 먹을 보약이다.

칭찬은 고래도 춤추게 한다고 한다. 칭찬이란 용어의 사전적
의미는 '잘한다고 추어주는 것, 또는 그러한 말, 좋은 점을 일컬
음, 미덕을 찬송하고 기림'이라고 기술되어 있다. 즉 칭찬이란
'장점을 찾아 말해주는 것'이라고 요약할 수 있다. 칭찬은 많이
할수록 좋은 것이며 인간관계를 풍성하게 해주는 훌륭한 역할을
함에도 불구하고 우리 사회에서는 칭찬에 인색하다.

일상생활로 눈을 돌려보면 회사와 가정에서 부하직원이나 자
녀들이 어떤 일을 잘하고 있을 때 그 잘한 일에 관심을 갖고 칭
찬하는 상사(上司)나 부모는 드물다. 오히려 무언가 잘못하거나
문제를 일으켰을 때, 관심을 갖고 질책하는 경우가 많았다. 사람
들은 자신의 존재의미(存在意味)를 인정받고 싶어 하고 자신이 소

중하다는 것을 확인받고 싶어 한다.

그래서 존재의 의미를 확인시켜주는 칭찬이 절실하다. 칭찬은 상대에게 긍정적인 부분을 찾아내, 인정하고 격려하는 행위이다. 따라서 칭찬은 하는 일에 대한 동기를 부여하고 자신의 존재를 긍정(肯定)하게 만든다.

칭찬은 사람을 움직이게 한다. 필요한 것은 관심과 인정(認定)이다. 그 사람이 한 일의 성과를 인정해주고 그의 존재가치(存在價値)를 인정해줄 때, 마음을 움직일 수 있을 것이다. 칭찬은 진실한 마음이며, 영혼의 피로를 말끔하게 가시게 하는 활력소(活力素)이므로 효과적인 칭찬의 방법을 찾아야한다. 미국의 가장 힘든 시대를 이끌던 위대한 대통령 링컨의 힘(力)은 '격려' 한 줄이었다. 비난과 협박에 시달리던 그가 암살당했을 때, 그의 주머니에서 발견되었다던 낡은 신문기사 한 조각, '링컨은 모든 시대의 가장 위대한 정치인 중 한 사람이었다.' 라고 적힌 그 신문쪼가리를 주머니에 넣고 다니며 그는 고난의 시간을 견디어냈다. 수없이 그 칭찬의 기사를 꺼내보고 또 보면서 힘을 내었을 것이다.

20세기가 낳은 위대한 과학자인 아인슈타인은 그의 어머니의 격려에 자포자기하는 대신 도리어 용기를 얻었으며, 자기에게 주어진 재능을 발휘하여 최고의 천재 중 한 사람으로 우뚝 서게 되었다. 또한 재일동포 소프트뱅크의 손정의 회장은 어렸을 때, 아버지 손삼헌 씨는 어린 아들에게 "넌 일본에서 최고야, 반드시 위대한 인물이 될 거야. 너를 보니 너는 천재일지도 모른다는 생각이 드는구나." 생선 장사부터 술장사까지 닥치는 대로 일을 했던 아버지는 주위의 시선은 아랑곳하지 않았고, 항상 칭찬을 아끼지 않았다. 어려서부터 아버지의 칭찬을 받고 자란 손정의는 자신이 천재이고 대단한 인물이 될 것 같은 믿음을 가지게 되었고, 나중에 정말 '천재 사업가'가 되었다. 심리학에서는 이를 '자기 충족적 예언' 즉 칭찬의 효과라고 할 수 있다.

자녀에게 정말 필요한 것은 부모의 칭찬과 든든한 신뢰, 그리고 환한 낯빛이라 할 수 있다. 칭찬은 바보를 천재로 만든다. 말도 못하고 듣지도 보지도 못하던 헬렌켈러에게 기적을 만들어 주었다. 이와 같이 누군가를 인정해 주고, 기대하고 칭찬해 주면 실제로 기대한대로 된다는 것이다.

그것이 바로 '피그마리온 효과'이다.

상대방을 인정해주고 중요한 존재로 느끼게 하는 힘, 이것이 바로 칭찬이며, 사람의 마음을 움직이게 하는 원동력이 칭찬임을 명심해야 한다.

하는 것도 받는 것도 쉽지 않은 것이 칭찬이다. 칭찬이 진실성을 잃는 순간 '아부'가 되고, 칭찬하는 데 인색하면 냉혈한(冷血漢)이 된다.

나는 칭찬이었는데, 상대방은 오히려 짜증을 내거나, 나는 격려해준다고 칭찬했는데, 상대방은 자존심이 상했다고 오해하는 상황이 생기는 경우가 있다. 그러므로 칭찬의 방법에 대한 여러 학자들의 연구결과를 토대로 효율적인 칭찬의 방법을 다음과 같이 제시한다.

1. 긍정적인 면을 찾아 칭찬하자

우리는 주로 긍정적인 면보다 부정적인 면에 집중하고 관심을 쏟아왔다. 인간에게 관심은 햇살과도 같다. 식물이 햇살 쪽으로 자라나는 것처럼 긍정적인 면에 관심을 보이면, 긍정적인 행동을 하게 된다. 반면에 부정적인 면에만 관심을 보이면 부정적인 행동을 반복하게 된다.

관점을 바꿔보자! 언제나 긍정적인 부분에 초점을 맞추고, 부정적인 일이 생겼을 때, 그 일에 집중하기보다는 긍정적인 부분으로 관심을 돌려보자.

긍정적인 관점은 인생에 엄청난 영향을 미친다.

2. 칭찬의 시작은 신뢰와 관심에서 우러나야 한다

칭찬은 자신이 신뢰하는 사람으로부터 들었을 때 의미가 있는 것이다.

그러므로 칭찬을 함으로써 주변 사람들과의 관계를 개선하고 싶다면, '칭찬하는 자기 자신이 얼마만큼 신뢰받는 사람인가'부터 점검해야 한다.

또한 칭찬은 상대를 진심으로 신뢰하고, 잘하는 부분을 찾아 내려는 관심에서 출발해야 효과가 있을 것이다.

3. 결과보다 과정을 칭찬하자

100점을 맞았다고, 1등을 했다고 칭찬하는 것은 다음에 1등을 못하면 어떡하지? 100점을 맞지 못하면 어찌하나? 하는 불안감을 심어준다.

경기대회에 나가서 금상을 받은 사람에게 금상을 받아서 훌륭하다고 칭찬해 주면, 다음에 은상을 받았을 때, 은상에 대해 성취감을 느끼는 것이 아니라, 금상이 아니라는 것에 패배의식을 갖게 된다. 1등이나 100점과 같이 최고임을 강조하면서 칭찬하는 부모의 말은 자녀에게 비현실적으로 높은 기대치가 된다. 자녀는 항상 1등을 하는 최고가 될 것을 고집하게 되고 그렇지 않은 결과가 나올 경우엔 실망감을 갖게 되고 자신감을 상실하게 된다. 과정의 중요성을 무시하고 결과에만 집착하는 부모를 보아온 자녀는 겉으로 보이는 결과에만 집착하여, 심지어는 성적표를 조작하거나, 시험에서 부정행위를 하기도 하게 된다. 그러므로 시험점수나 등수 같은 결과를 칭찬하기 보다는 그 결과에 이르기까지 얼마나 노력했는가를 칭찬하자.

자녀의 등수나 점수에 상관없이 자녀가 노력한 과정을 인정해 주고 칭찬하는 것이 바람직하다. 어떤 상황에서든 승자가 있으면 패자도 있다.

승패와 관계없이 서로 응원하고 최선을 다하면서 즐거움을 느낄 수 있도록 해야 한다. 졌을 때는 격려해 주어야 실패를 받아들이고, 다시 일어서는 법을 익히게 된다.

4. 칭찬은 구체적이어야 한다

모호하고 추상적인 칭찬에 비해 구체적이고 분명한 칭찬이 상대의 마음을 움직인다. "넌 정말 착하구나." "넌 정말 훌륭하구나."하는 식의 칭찬은 듣기에는 좋지만 자기가 무엇 때문에 칭찬을 받았는지 알지 못한다.

또한 이런 식의 애매모호한 칭찬이 남발되면 듣는 이는 더 이상 칭찬이라고 여기지 않고 식상해 버린다. 그러므로 어떤 이유 때문에 칭찬을 받는지 구체적으로 칭찬하는 것이 효과적이다. "자네는 훌륭한 사람이야."라는 말보다는 "자네의 계획서는 간결하고 구체적이어서 실천하기 좋겠어."라는 말이 더 효과적인 칭찬이다.

5. 여러 사람 앞이나 제3자에게 칭찬하라

사람들은 누구나 자기를 자랑하고 싶어 한다. 단지 쑥스럽고 어색해서, 그리고 속보일까봐 자제할 뿐이다. 남 앞에서 칭찬을 하거나 제3자에게 간접적으로 칭찬을 전달하는 것은 칭찬받는 기쁨과 자랑하고 싶은 욕심, 두 가지를 모두 충족시킬 수 있다. 당사자가 없는 자리에서 진심으로 칭찬하는 것은 아부가 아니다. 누군가 당신을 좋게 평가하더라는 얘기를 들으면 매우 즐거울 것이다. 그러므로 칭찬은 눈앞에 두고 하는 칭찬 보다 간접적인 칭찬이 훨씬 효과적이다. 공자(孔子)는 자기 앞에서 칭찬하는 사람을 조심하라고 하였다.

6. 다양(多樣)한 방법으로 칭찬하라

말로 하는 칭찬도 물론 좋지만, 개인적으로 카드나 메모(Memo)를 남기는 것도 좋은 칭찬이 될 수가 있다. 칭찬에는 여러 가지 방법이 있다.

에이드리언 고스틱(Adrian Gostick)과 체스터 엘튼(Chester Elton)은 《열정을 이끌어내는 최고의 지혜, 칭찬》이라는 책에서 다양한 칭찬방법을 제시 하였다. 그중 몇 가지를 소개하면 다음과 같다.

- 상사와 점심을 먹는 자리에 직원을 초대한다. 상사에게 직원을 소개한 뒤 그의 최근 성과에 대해 잘한 것을 이야기한다.
- 직원이 승진하게 되면 작은 기념품을 만들어 선물한다.
- 가장 원하고 좋아하는 업무를 직원에게 맡긴다.

7. 실수를 했을 때, 긍정적인 부분을 일깨워주고 격려(칭찬)해 주는 것이다

실수를 했을 때, 실수를 통해 배우고 성장하는 기회로 삼을 수 있도록 도와야 한다. 질책을 할 때도 부하의 자존심을 존중하고 직원의 잘못에 대해 솔직하게 의견을 말하되 간결하고 명확해야 한다. 무엇이 문제인지 이유를 설명하고 해명할 기회를 주어야 한다. 그리고 그에 대한 기대감도 함께 전해야 한다. 질책이 그 사람의 발전을 위한 것임을 분명히 해야 한다.

8. 가끔은 스스로를 칭찬하라

자신이 잘한 일들을 알고 자신을 좋아한다면 남들도 당신을 좋아하게 된다. 자기 자랑을 늘어놓으라는 것이 아니다. 자기 자랑을 늘어놓는 사람은 자신의 열등감을 조절하지 못하는 사람이다. 자신을 칭찬할 줄 아는 사람은 남들에게도 긍정적인 눈으로 보고 칭찬할 줄 아는 사람이다. 가끔은 스스로를 칭찬하고 자부심을 가져도 좋을 것이다.

건강한 자부심은 다른 사람에게 해(害)를 주지 않고 인간의 도리를 지키면서 가슴에 품은 소망을 실현시킨 성과라면 자랑할 만하다.

심리학자 메슬로우(Maslow)는 자기존중(自己尊重)과 자기실현(自己實現)은 가장 수준 높은 단계의 동기유발이라고 했다. 건강한 자부심은 자신을 높게 평가한다. 그래서 자신을 자신이 원하는 사람으로 만들어 준다.

가족들 앞에서 자신의 성공을 말하고 축복받는 분위기를 만들면 자녀들은 건강하게 스스로를 칭찬하는 법을 배우게 되고, 자기 자신을 건강하게 사랑하는 법을 배우게 될 것이다.

9. 언어적 칭찬과 비언어적(非言語的) 태도가 일치해야 한다

말로는 "정말 잘했어"라고 하면서 얼굴이 굳어 있거나 무표정하다면, 듣는 상대는 자신이 정말 칭찬받았다고 느끼지 못할 것이다.

따라서 멋진 칭찬과 함께 정답게 웃는 표정, 따뜻한 포옹, 뽀뽀해 주기, 엄지손가락을 위로 치켜 올리는 손짓 등으로 마음을 효과적으로 전달할 수 있는 비언어적 칭찬이 필요하다.

10. 칭찬 받을 행동을 하면 바로 그 자리에서 칭찬한다

아무리 멋진 칭찬이라도 시간이 지난 다음에 하면 그 효력이 줄어든다.

상대가 칭찬 받을만한 행동을 했을 때는 바로 그 자리에서 즉시 칭찬해주는 것이 효과적이다. 칭찬에는 '가끔'이나 '나중'이 없어야 한다.

11. 칭찬은 일관성이 있어야 한다

칭찬에는 반드시 일관성이 있어야 한다. 일관된 규칙에 따라 칭찬과 벌을 주어야 한다. 자기가 어떻게 행동해야 하는지에 대해 분명한 지침을 갖게 되어 불안감을 덜 느끼게 된다. 만약 동일한 행동에 대해 누구는 칭찬하는데, 누구는 벌을 주거나, 또는 어떤 때는 칭찬을 하더니 또 다른 때는 벌을 준다면 상대는 큰 혼돈을 느낄 것이다. 진정으로 의미 있는 칭찬을 하고 싶다면 일관성이 있고 신중하게 말할 필요가 있다.

12. 칭찬을 너무 남발하면 신뢰감이 떨어진다

칭찬을 많이 해준다고 해서 항상 좋아하는 것은 아니다.

사람들은 누구에게나 습관적으로 칭찬하는 사람에게서 칭찬을 받을 경우, 그것은 단지 겉치레에 불과하다고 생각한다. 매사(每事)에 칭찬을 받은 아이는 시간이 흐를수록 칭찬 자체에 대해 무감각해지고 무슨 일이든지 다른 사람의 의견을 듣거나 인정을 받아야 마음이 놓이게 된다. 상대방의 의견과 생각에 맞춰 자기 행동을 결정짓는 수동적인 추종자가 된다. 그 예로 그림을 그릴 때, 산(山) 하나 그리고 들고 와서 칭찬을 바라고, 꽃 하나 그리고 들고 와 선생님의 얼굴을 쳐다보는 학생이 있다. 이 학생은 칭찬 중독이 된 학생인데, 칭찬은 무조건 많이 하면 좋다고 믿지만, 건성으로 내뱉은 껍데기뿐인 가짜 칭찬은 아이의 자신감을 채워줄 수 없다. 스스로 동생을 돌보았을 때나, 싸운 친구와 화해했을 때 등 자신이 스스로 노력하여 얻은 결과에 대해 칭찬받을 때 보람을 느끼면서, 비로소 자신감을 얻게 될 것이다.

13. 사람이나 상황에 따라 칭찬의 효과가 달라진다

이해관계가 얽혀있는 사람에게서 칭찬을 듣게 되면 저변(底邊)의 의도가 무엇인지부터 생각하기 마련이다. 혹시 금전이 필요한 것인가? 뭐 미안한 구석이 있는가를 먼저 떠올리기 때문에 칭찬을 액면 그대로 받아들이기는 쉽지 않을 것이다. 또한 말단 사원이 상사에게 "부장님 참 똑똑 하네요 참 그런 생각을 할 수 있었나요."라고 말하는 것을 듣고 기분 좋은 상사는 없을 것이다. 아주 사소한 칭찬에도 기뻐하면서 칭찬을 들으려 애쓰는 사람이 있는가 하면, 여러 사람 앞에서의 공개적인 칭찬은 아주 어색하고 칭찬에 별로 감동을 받지 않는 사람도 있다. 사람은 서로 특성이 다르기 때문에 칭찬도 사람에 따라 달라야 효과적일 것이다.

14. 사소하지만 잘한 점을 찾아 칭찬하라

칭찬에 인색하게 되는 것은 사소한 장점을 무시하기 때문이다.

큰일에 대해서만 칭찬한다면, 칭찬할 기회를 한 번도 만들지 못할 수도 있을 것이다. 칭찬의 눈으로 상대를 조목조목 관찰해 보면 남들이 보지 못하는 사소한 장점들을 찾을 수 있을 것이며, 언제나 관심을 갖고 바라보면 누구에게나 칭찬거리가 보일 것이다. 관심을 가지고 보라! 그리고 즉시 칭찬을 하라! 칭찬은 상대의 긍정적인 부분을 찾아내 인정하고 격려하는 행위이며, 영혼의 피로를 말끔히 가시게 하는 활력소이다. 그래서 칭찬은 동기를 부여하고 자신의 존재를 긍정하게 만든다. 칭찬 한 마디가 사람을 움직이고 세상을 변화시킨다. 칭찬은 시시 때때로 마셔야하는 물과 같으며 귀로 먹는 보약이다. 칭찬이 생활습관이 되어 소리 없이 흐르는 강물처럼, 온누리에 칭찬의 메아리가 울려 퍼지기를 소망한다.

언어와 대화

들은 귀는 천년이요, 말한 입은 사흘이다.
말 한마디로 지옥과 천국을 경험할 수 있고, 절망과 희망 사이를 오갈 수 있다.
아무리 비밀로 한 말도 하늘이 알고〔天知〕, 땅이 알고〔地知〕,
네가 알고〔子知〕, 내가 안다〔我知〕. 이것이 '사지(四知)'이다.

인생은 만남의 역사라고 한다. 어떤 사람과 만나는가에 따라 우리의 인생은 달라진다. 매일 매일의 만남을 통한 생활 속에서 주고받는 우리의 말 한 마디가 주위사람들에게 다양하게 영향을 미쳐 인간관계를 따뜻하게도 하고, 차갑게도 한다. 그런 의미에서 볼 때, 사람과 사람과의 관계는 대화로부터 시작된다고 해도 과언이 아니다.

말은 그 사람의 생각과 인격을 나타낸다. 말을 잘 하면 천 냥 빚도 거저 갚는다고 하였다. 말 한 마디에 천금(千金)이 오고 간다고 하였다.

말은 사람을 감동시키는 힘이 있다. 뛰어난 웅변은 천하를 움직인다.

가슴 속 깊은 데서 솟구치는 진실과 양심의 소리는 듣는 이에게 깊은 감명을 불러일으킨다. 말은 생각을 담는 그릇이요, 사상을 전달하는 도구이므로 훌륭한 말 속에는 혼(魂)이 있고, 힘이 있고, 생명이 있고, 감격이 있다. 그래서 말을 '존재의 집'이라 한다.

사람은 태어나서 죽을 때까지 계속 말하는데 어떤 학자의 연구에 따르면 5백만 마디 이상의 말을 한다고 한다. 우리는 바닷가 모래위에 글씨를 쓰는 듯 말하지만, 듣는 사람은 철판에 글씨를 새기듯 들을 때가 있다.

인류의 역사가 시작된 이래, 칼이나 총에 의해 죽은 사람보다 혀끝에 의해 죽은 사람이 더 많다. 우리는 지나가는 말로 아무 생각 없이 말을 하지만 그 말을 들은 사람은 두고두고 잊지 못할 때가 있다. '들은 귀는 천년이요, 말한 입은 사흘이다.' 가 바로 그 뜻이다. 들은 귀는 오래오래 기억하지만 말한 입은 사흘도 못가, 말한 것을 잊어버리고 만다. "부주의한 말 한마디가 싸움의 불씨가 되고, 잔인한 말 한마디가 삶을 파괴합니다. 쓰디쓴 말 한 마디가 증오의 씨를 뿌리고, 무례한 말 한마디가 사랑의 불을 끕니다. 은혜 같은 말 한마디가 길을 평탄하게하고, 즐거운 말 한마디가 하루를 빛나게 합니다. 때에 맞는 말 한마디가 긴장을 풀어주고 사랑의 말 한마디가 축복을 줍니다." 라는 이로쿼아족 (Oneida Iroquois)의 '자장가 말 한마디'는 부정적 말의 피해와 긍정적인 말의 중요성을 우리들에게 실감나게 가르쳐주고 있다. 언어는 자신의 삶의 색깔을 캔버스에 펼치는 붓이며, 자신의 삶의 악보를 연주하는 피아노이다. 언어연습은 생각연습이고 말하기는 마음과 마음을 이어주는 소통의 시작이다. 좋은 말, 따뜻한 말, 아름다운 말, 희망을 주는 말 한마디는 누군가의 가슴에 씨앗처럼 떨어져 위로와 희망으로 싹이 날 것이다.

1. '바른말 고운말' 차림표를 만들어 습관화 한다

· 긍정적인 말을 하자

말에는 씨가 있어 '말씨'라고 한다. 성공한 사람은 긍정언어를 사용한다.

어제 뿌린 말의 씨앗이 오늘의 나를 만들고, 오늘 뿌린 말의 씨앗이 내일의 나를 만든다. 한자로 말씀언(言)변에 이룰 성자(成)를 합치면 정성 성(誠)자가 되는데, '말대로 이루어지므로 말을 정성스럽게 하라.'는 뜻이다.

사람은 하루에 수많은 말을 한다. 그 중 긍정적인 말은 10% 내외라고 한다. 그 외에는 대부분 잡스러운 이야기, 부정적인 말의 일색(一色)이다.

긍정언어는 생명언어요, 100%의 긍정언어를 사용하면 원하는 것은 반드시 이뤄지기 시작한다고 한다.

'어떤 말이든지 1만 번 이상 되풀이하면 반드시 미래에 그 일은 이루어진다.' 는 인디언의 금언(金言)이 있다. 그만큼 말도 반복하면 틀림없이 이뤄진다고 한다. 되고 안 되고는 문제가 아니다.

"잘 된다. 잘 된다."고 말하면 잘 된다. 시인이며 수녀인 이해인은 긍정적인 말은 나를 키운다며 다음과 같이 표현했다. '행복하다고 말하는 동안은 나도 정말 행복해서 마음에 맑은 샘물이 흐르고, 고맙다고 말하는 동안은 고마운 마음이 새로이 솟아올라 내 마음도 더욱 순해지고, 아름답다고 말하는 동안은 나도 잠시 아름다운 사람이 되어 마음 한 자락이 환해지고, 좋은 말이 나를 키운다는 걸 나는 말하면서 다시 알지.' 말이란 생명이다. 즐거운 말 한마디가 마음을 밝게 하고, 위로의 말 한마디가 무한한 힘이 되고, 은혜로운 말 한마디가 사랑을 심어준다. 살면서 우리가 해야 할 말에는 '감사합니다.' '사랑해요', '고마워요', '행복해요', '즐겁다', '신난다', '미안해요', '재미있다', '좋아요', '보람 있어요', '잘 될 거야', '괜찮아요', '기뻐요', '축하해요', '힘내세요', '걱정하지마세요', '훌륭해요', '더 잘할 수 있어', '건강하세요', '자기 멋있어', '괜찮아, 그럴 수도 있지', '여보 힘들지, 내가 있잖아', '난 자길 믿어, 힘내' 등의 희망을 주는 말, 격려하는 말, 용기를 주는 말, 사랑의 말, 꿈을 심어주는 긍정적인 말을 사용해야 한다.

또한 거울을 보고 자기 자신에게 '나는 행복합니다', '나는 뭐든지 할 수 있어' 등의 '긍정언어'를 사용하면 나중에 말한 대로 될 가능성이 높다고 한다. '훌륭한 말 한마디가 평생을 좌우한다.' '황금천량미위귀(黃金千兩未爲貴)'요, '득인일어승천금(得人一語勝千金).'

천 냥의 황금이 귀한 것이 아니라, 훌륭한 말 한마디를 얻는 것이 더 귀하다는 뜻이다. 우리에게 필요한 말은 미사여구나 화려한 수식어가 아니다. 그저 지친 마음을 달래줄 수 있는 위로와 격려의 말 한마디, 생활에 활력을 불어넣어 줄 수 있는 즐거운 말 한마디가 절실히 필요하다.

· 부정적인 말을 삼가자

조선 중기 전서(篆書)의 대가인 미수 허목은 늙은이에게 말실수를 경계해야 할 16가지 잘못을 적은 '불여묵전사 노인십육계(不如嘿田社 老人十六戒)'를 작성하였다. 그 계(戒)는 다음과 같다.

* 행언(行言) : 생각 없이 말하는 것.

* 희학(戲謔) : 실없는 농지거리.

* 성색(聲色) : 가무와 여색에 대한 말.

* 화리(貨利) : 재물, 이익을 탐하는 말.

* 분구(忿口) : 화를 내어 하는 말.

* 교격(矯激) : 과격하게 하는 말.

* 첨녕(諂佞) : 몹시 아첨하는 말.

* 구사(苟私) : 구차하고 사사로운 말.

* 긍벌(矜伐) : 자랑하는 말.
* 기극(忌克) : 남의 재능을 시샘하는 말.
* 치과(恥過) : 허물을 부끄럽게 여김 말.
* 택비(澤非) : 자기 허물을 선행으로 포장하는 말.
* 논인자구(論人訾詬) : 남을 평가하고 헐뜯고 꾸짖는 말.
* 행직경우(倖直傾訏) : 곧은 것을 지나치게 밝혀 과도하게 치우치는 말.
* 멸인지선(蔑人之善) : 남이 착한 것을 멸시하는 말.
* 양인지건(揚人之愆) : 남의 허물을 드러내는 말.

또한 《논어》에도 공자가 하지 말라고 하는 4가지 '자절사(子絶四)'인 무의(毋意), 무필(毋必), 무고(毋固), 무아(毋我)를 서술하고 있다. 제멋대로 생각해 지레짐작하지 말고〔毋意〕, 기어이 자기주장을 관철시키려 하지 말고〔毋必〕, 고집을 부리지 말고〔毋固〕, 아집(我執)을 내세우지 말라〔毋我〕는 뜻이다.

특히 '무아(毋我)'는 자기 생각에 사로잡혀 세상을 제멋대로 보거나 다른 사람의 자유의지(自由意志)를 억압해서는 안 된다는 뜻으로 해석된다. 말을 조심해야 한다는 고사에는 '구화지문 설시참신도(口禍之門 舌是斬身道)'라는 설시(舌詩)가 있다. 입은 재앙을 불러들이는 문이오, 혀는 몸을 자르는 칼이므로 입을 닫고 혀를 깊이 감추면, 편안하리라는 의미를 담고 있다.

탈무드에 '말이 당신의 입안에 있는 한, 당신의 종이지만, 한 번 밖으로 나오면 당신의 상전(上典)이 된다.'는 말이 있듯이 동서고금을 막론하고 말을 신중히 해야 함을 알 수 있다.

중국의 고사에도 공자가 주(周)나라로 가서 태조(太祖) 후직(后稷)의 사당에 들렀을 때 섬돌 앞에 금인(金人)이 서 있었다. 그런데 그 입을 세 겹으로 봉해놓았다. 이상해서 살펴보니 그 등에 '옛날에 말을 삼간 사람'이라고 새겨져 있었다. 한 번도 아니고 두 번도 아니고 세 번은 봉해야 말조심이 된다는 뜻으로 '삼함(三緘)'으로 불린다. 부정적인 말 중에 남을 험담 하는 것은 살인보다 위험하다는 말이 있다. 험담은 험담하는 자신과, 그것을 듣고 있는 사람과, 그 험담의 주인공이 되는 사람 모두를 해치는 결과를 가져오게 된다. '낮말은 새가 듣고, 밤 말은 쥐가 듣는다'는 속담이 있듯이 우리들은 항상 말조심을 해야 한다.

험담에는 발이 달렸다. 무덤까지 가져가기로 한 비밀을 털어놓는 것은 무덤을 파는 일이다. 무심코 들은 비난의 말 한마디가 잠 못 이루게 하고, 부주의한 말 한마디가 파괴의 씨가 되어 절망에 기름을 붓는다. '말하기 좋다하고 남의 말하는 것이, 남의 말 내가 하면, 남도 내 말하는 것이 말로써 말이 많으니 말 많을까 하노라.' 이것은 우리 옛 시조의 한 토막이다. 말이 말을 낳고 그 말이 몇 번 오가다 보면 눈덩이처럼 불어나 걷잡을 수 없다.

차라리 입을 다물고 삶을 살아야함을 일깨워 준다. 우리가 살면서 해서는 안 되는 말에는 '난 몰라' 라는 책임 없는 말, '안 된다', '~ 때문에', '빌어먹을 놈', '~ 죽겠다', '망했다', '틀렸어', '속상해', '바보야' 등 원한, 미움, 부정, 악담, 비난, 무시, 포기, 아픔이 담긴 부정적인 말로 입은 상처는 평생을 간다. 말에는 메아리의 법칙이 작용한다. 자기가 하는 말은 자기에게 가장 많은 영향을 미친다. 요절한 가수의 90%가 자신의 히트곡과 같은 운명을 만들었다. 이런 결과는 말에는 씨가 있어 말한 대로 말씨가 자라고, 말한 대로 메아리가 되어 돌아오기 때문이라고 볼 수 있을 것이다.

· 비교해서 말하는 것을 삼가자

사회생활을 하거나 다른 사람과 만나다 보면 자기도 모르게 무심코 던진 말 한마디, 특히 비교하는 말에 마음 상하는 경우가 흔히 있다.

'누가 더 예쁘다.', '누가 더 똑똑하다.', '누가 더 청소를 잘한다.', '앞집 창수는 너 보다 공부를 잘 한다.' 등 비교하는 말을 듣게 되면 자기의 무능함과 좌절감을 갖게 된다. 남과 비교하기보다 자신의 전후를 비교하게 하여 칭찬과 격려의 말을 하는 것이 바람직할 것이다. 누군가 자꾸만 비교급 유형으로 질문하면 "A 는 말이 많은 것 같아도 활발하고 적극적이어서 좋고, B는말이 너무 없어 답답해도 항상 차분하고 조용해서 좋고" 등 A는 이런 점이 좋고, B는 저런 점이 좋고. 이렇게 우월의 비교보다 장점을 찾아 비교한다면 좋을 것이다. 자신의 처지를 습관적으로 남과 비교해서 말하거나 타인의 성공과 행복을 자신의 것과 비교하여 푸념하는 것보다, 자기 자신의 과거와 현재를 비교하며 더 나은 삶을 추구한다면 바람직할 것이다.

· 자녀를 망치는 부모의 말을 삼가자
부모는 자녀의 최초의 선생님이고 가정은 최초의 학교이다. 자녀는 어린 시절에 부모의 언행을 보고 들으며 자라남으로, 부모는 항상 자녀에게 모범이 되어야 한다. 그러나 우리 주위에는 자녀에게 모범이 되기는커녕 말 한마디로 자녀를 망치는 경우를 자주 본다. "너 바보야"라고 자주 듣게 되면 자기가 바보인 것으로 생각하고 자기를 바보라는 확인된 정체감(正體感)을 갖게 된다. 자녀가 가장 힘들어하고 싫어하는 말은 다음과 같은 말들이다. '너 바보야', '빌어먹을 놈' 등 무시하는 말, 'ㅇㅇ는 전교에서 1등을 했는데 너는 몇 등을 했나?' 남과 비교하는 말, '쓸데없이 돌아다니지 말고 숙제나 해라.' 는 격려하는 말, '그 아이하고 놀지 마라.' 의 고립시키는 말, '올라가지 못할 나무는 처다보지도 말라.' 는 포기하게 하는 말, '빨리하지 못해' 의 재촉하는 말, '몇 개 틀렸어, 몇 점 맞았어.' 등의 결과를 따지는 말은 자녀를 그릇되게 한다.

· 학생들을 그릇되게 하는 교사의 말을 삼가자

언젠가 죄를 지은 청년이 법정에서 사형 선고를 받았다. 그가 죽을 때에 한 말이 안타깝게 다가왔다. "17년 전 초등학교에 다닐 때 미술 시간에 크레파스를 가지고 오지 않았다고 꾸지람을 호되게 받았습니다. 그 당시 너무나 가난해서 가지고 올 수 없었는데, 선생님은 "너는 왜 말을 듣지 않느냐?"라고 화를 내시면서 매를 때렸습니다. 나중에는 "준비물을 가져오라면 훔쳐서라도 가져와야 될 것 아니냐?"라고 하셨습니다. 그 때부터 나는 빗나가기 시작했습니다. 선생님의 그 한마디가 내 일생을 바꿔 놓았습니다. 그때부터 나는 물건을 훔치기 시작했고, 훔치는 것이 재미있었습니다. 도적질을 시작한 것이 내 운명을 이렇게 만들었습니다." 이와 같이 어린 학생들을 향한 말 한마디 잘못이 이런 무서운 결과를 가져올 수 있다는 것을 알고 말을 신중히 해야 할 것이다.

· 화가 나도 극단적인 표현은 삼가자

사람들이 화가 났을 때 '미치겠다', '환장하겠다', '돌아 버리겠다', '꼭지가 돈다', '까무러치겠다' 등 이런 자극적이고 강한 말은 아름다운 표현이 아니다. 화가 나서 감정이 조절이 잘 안 될 때는 "너무 심하지 않아요.", "인내의 한계를 느껴요.", "보통 일이 아니에요.", "어떻게 하면 좋을까요?", "이러시면 곤란합니다." 등의 말을 사용하는 것이 좋을 것이다. '골 때린다', '해골이 복잡하다.' 는 말은 '머리가 복잡하다'로, '쫙 뻗었다'는 말보다는 '너무 힘들다. 피곤하다' 로 말하고, '딱 질색이야' 의 단정적인 말은 '못마땅하다' 정도의 순한 말로 바꾸어 말하면 좋을 것이다.

2. 올바른 대화 기법

우리는 사회생활을 하면서 끊임없이 대화를 한다. 진정한 대화는 나와 너의 생각과 입장이 만나 또 다른 나를 만드는 것이다. 이는 상대의 마음을 잘 헤아리고 내 감정도 이해받아 공감대를 형성하는 대화를 말한다.

· 상대의 말을 적극적으로 경청하자

사람의 귀는 2개, 눈도 2개, 입은 1개다. 말은 적게 하고 두 눈으로 상대를 자세히 보고 두 귀로 많이 들으라는 의미이다. 또한 들을 청자(聽)를 자세히 뜯어보면 '말을 듣는 귀(耳)가 으뜸(王)이며, 들을 때는 열 개(十)의 눈(目)을 움직여 상대를 주시하면서, 한(一) 마음(心)으로 진심으로 들어라' 는 메시지를 담고 있다. 성공적인 대화법에 '1, 2, 3 법칙'이 있다. 하나(1)를 말했으면, 둘(2)을 듣고 세 번(3) 맞장구를 치라는 것이다. 이것은 말은 적게 하고, 많이 듣고 호응하라는 의미이다.

· 상대의 입장을 이해하고 대화하자

대화에서는 먼저 너와 나는 다르다는 것을 인정하고 시작하여야 한다. 나에 대해 나는 알지만, 남은 모르는 경우가 얼마나 많은가. 우리의 생각은 어렸을 때의 기억, 꿈, 희망, 경험 등 다양한 프리즘을 거쳐 형성된다.

따라서 사람마다 생각이 다를 수밖에 없다. 그것을 인정하는 것이 대화의 첫 걸음이다. 서로의 의견이 다른 것은 틀린 것이 아니다. 역지사지의 마음으로 상대의 입장이 되어 생각해 보자.

'그럴 수도 있겠구나.' 상대의 입장을 이해한 뒤 서로 자기 생각을 서로 나누며 대화하면 상호 win win 할 수 있을 것이다. 그러나 우리들이 흔히 저지르기 쉬운 실수가 '지나친 자기 확신 (self-confidence)과 자기중심적 태도(too much ego)'라고 한다. 대부분 사람들은 '자기 생각이 옳다.'고 확신하는 경향이 있기 때문에 '내 생각이 옳다'고 고집하지 말고 입장 바꿔 생각해보고 서로 합일점(合一点)를 찾는 대화가 필요하다.

· 감성대화(感性對話) 방법을 적용한다

감성대화는 서로간의 입장을 이해하고 듣기 70%, 질문하기 20%, 말하기 10% 의 비율로 대화하는 것이 효율적이라고 한다.

실례로 아이가 시험을 못 봤을 경우, 대부분 부모가 먼저 화를 낸다. 시험을 못 본 것은 아이인데 화는 부모가 더 내는 상황이라면, 부모에게 문제가 있는 것이다. 이때 감성대화방법이 필요하다. 이럴 경우 다음과 같은 감성 대화방법을 적용할 수 있을 것이다.

① 단계 - 사실을 얘기한다.

예) "너의 시험 점수가 너무 안 나왔구나!"

② 단계 - 감정을 얘기한다.

예) "그것 때문에 조금 마음이 아프단다."(최대한 부드러운 감정으로 표현)

③ 단계 - 필요한 것을 말한다.

예) "어떻게 점수를 조금만 더 올릴 수 있는 방법은 없을까?"

(자신이 스스로 방법을 찾을 수 있게 유도한다.)

④ 단계 - 구체적 행동을 부탁한다.

예) 자신이 구체적 대안을 찾으면 미흡하더라도 존중한다. 아니면 "몇 점만 올렸으면 좋겠단다. 그렇게 할 수 있겠지"라고 말하며 부탁한다.

3. 대화를 위한 10계명

· 상대방을 부드러운 표정과 눈으로 보고 말하고 들어라. 눈이 맞아야 마음도 맞는다

· 의견을 제시할 땐 상대방에게 반론(反論)의 기회를 주자.

· 자기 생각이 옳다고 우기지 말고 상대방의 입장에서 들어라.

· 상대방의 말을 끝까지 들어라. 중간에 말을 가로채지 말자.
· 한 번 한 말은 두 번 다시 되풀이 하지말자. 듣는 사람이 지
  겨워한다.
· 자기가 하고 싶은 말에만 열을 올리지 말고 상대에 말할 기
  회를 많이 주자.
· 상대방이 말할 때는 경청하라. 지방방송은 상대에 대한 결
  례이다.
· 중요한 말을 할 때는 메모하는 습관을 가져라.
· 앞에서 할 수 없는 말은 뒤에서도 하지말자.
· 말은 독점하지 말고 상대방에도 기회를 많이 주어라. 대화
  는 일방통행이 아니라 쌍방교류이다.

진정한 친구와 우테크(友-Tech)

만들어져있는 선천적인 혈연[天倫]에 집착하지 말고,
만들어가는 友-Tech, 즉 후천적인 친구[人倫]를 보다 소중히 여기자.
언제나 서로에게 더해주는 심성(+기호)을 가지고,
곱(x, 상승작용)해 주는 인간관계여야 친구가 될 수 있다.

　오늘날 과학과 의학의 발달로 인간 100세시대가 되었다.

　직장에서 60세에 퇴직 한다 해도 40년을 더 살아야한다. 나이가 들어가면서 가장 필요한 것으로, 건강, 돈, 친구, 배우자, 할 일을 들고 있다. 어느 하나 중요하지 않은 것이 없다. 어느 정도 경제적 여유와 건강이 받쳐주어도 서로 아끼고 사랑하는 주위 사람들과 함께하는 인생이 없다면 누구든 고독의 말년을 보낼 각오를 해야 한다. 5, 60대에 들어서면 친구가 어느 때 보다 절실해 진다. 예로부터 유유상종(類類相從)이란 뜻에서 "그 사람의 됨됨이를 알려거든 그의 친구를 보라."고 했다.

　그런데 과거의 농경사회에서 죽마고우(竹馬故友)라면 한 번 맺은 교분이 평생 잊지 않고 지속되었지만, 오늘날 같은 복잡한 산업. 정보사회에서는 이제 친구도 관리해야만 우정이 유지되는 세상으로 변한 듯하다.

따라서 오늘날 재산을 늘리는 수법이라 할 수 있는 '재(財)테크' 못지않게 '우(友)테크'가 중요하다고 한다. 세상 끝까지 함께할 친구들을 사귀고 관리하는 일에 정성을 다할 때다. 우리는 그동안 앞만 보고 달려오느라, 공부 잘하는 방법, 돈 잘 버는 방법에 전심 몰두해 왔지만, 친구를 사귀고 인간관계를 원만히 유지하는 법은 등한시했다. '우(友)테크'는 행복의 공동체를 만드는 기술이다. 친구의 층도 다양해졌고, 우정의 지속성이나 유유(類類)의 파악도 그리 쉽지 않아 '그 사람의 됨됨'을 알기가 힘들게 되었다.

그 동안 학교생활을 보면, 열심히 공부하고 친구와 우정을 나누는 장소로의 구실을 해왔지만 오늘의 교육 세태는 유치원에서부터 대학과정에 이르기까지 친구를 사귀기는커녕, 온통 친구를 경쟁의 대상이나 적대시(?)하는 인식마저 풍기는 것이 현실이 아닌가? 심지어는 친구를 왕따시켜 괴롭히거나, 돈이나 물건을 빼앗고 구타까지 하여 사회의 물의를 일으키고 있으니 참으로 안타까운 일이 아닐 수 없다. 또한 우리의 가정을 보면, 인구가 점차 감소함에 따라, 대가족제도가 소가족제도로 핵가족화되고, 형제자매도 하나 아니면 둘이며, 심지어 1인 가족(Single family)까지 등장하는 현실에서, 주변에 친구나 지인이 없이 외톨

이가 되어 외로운 삶을 살아갈 지도 모르게 되었다. 인간은 사회적 동물이라고 한다. 당연히 친구관계를 중심으로 사회적 인간관계를 폭넓게 유지하는 것이 최상의 힘이요 최고의 가치였음으로, 동서고금의 사상가들은 우정론(友情論)을 썼다.

공자는 《논어》의 첫머리에 다음과 같은 말로 우정을 예찬하였다.

"유붕자원방래불역락호(有朋自遠方來不亦樂乎)" '뜻을 같이하는 친구가 먼 곳으로부터 찾아와 주니 또한 즐겁지 아니한가?' 먼 데 있는 친구가 정답게 찾아온다는 것은 인생의 가장 즐거운 일로서, 우정의 중요성을 나타내고 있다.

"옛말에 붕우(朋友)를 일러 '제2의 나'라 하기도 하고, 또 주선인(周旋人)이라 하기도 했다. 이 때문에 한자를 만드는 자가 날개 우(羽)자를 빌려 벗 붕(朋)자를 만들었고, 손 수(手)자와 또 우(又)자를 합쳐서 벗 우(友)자를 만들었으니, 붕우(朋友)란 마치 새에게 두 날개가 있고 사람에게 두 손이 있는 것과 같음을 말한 것이다.

"古之言朋友者 或稱第二吾 或稱周旋人 是故 造字者
 고 지 언 붕 우 자 혹 칭 제 이 오 혹 칭 주 선 인 시 고 조 자 자

羽借爲朋 手又爲友 言若鳥之兩羽而人之有兩手也"
우 차 위 붕 수 우 위 우 언 약 조 지 량 우 이 인 지 유 량 수 야

〈회성원집발(繪聲園集跋)〉

한쪽 날개를 잃은 새는 날 수 없을 것이요, 한쪽 손을 잃은 사람은 제대로 운신할 수 없을 것이다. 그렇게 본다면 짝은 나의 조력자요 '제2의 나' 가 아닌가. 벗의 마음속에 나의 한쪽 날개가 되어주는 사람, 또 나의 한쪽 손이 되어주는 사람, 그런 사람이 벗이다. 벗 즉 친구란? 사전적 의미에서는 '마음이 서로 통해, 뜻을 같이 하며 오래도록 사귀는 사람'으로 정의하고 있다. 곽동헌 교수는 "사람의 삶의 과정에서 동반자로서 인격 함양의 상승작용을 하는 인간관계를 친구이다."라고 정의하고 있다.

"언제나 서로에게 '더해주는(+) 기호[心性]를 가지고, 곱(x:相乘作用)해주는 인간관계'여야 친구가 될 수 있다."고 했다. 받기만 하고 베풀지 않는 사람은 아무에게도 친구가 될 수 없다. 우리는 친구이기 때문에 더 많이 양보하고, 더 많이 참고 이해하며 우정을 키워왔다. 이러한 우정을 논함에 있어 연암 박지원은 벗을 "한 집에 살지 않는 아내요, 피를 나누지 않은 형제"라고 했다. 친구를 제이오(第二吾) 즉 제2의 나라고 했다.

내가 품은 생각을 진정한 친구만이 홀로 알고 친구의 깊은 고민을 내 자신이 먼저 안다는 생각, 다시 말해 친구는 다른 누구도 아닌 나와 함께 삶을 헤쳐 나가는 또 하나의 나인 것이다. 마테오 리치(1552~1610)는 예수회 신부로 1583년에 중국에 와서 1610년 북경에서 세상을 떠난 사람이다. 그가 명나라 건안왕(建安王)의 요청에 따라 유럽 신사들의 우도(友道), 즉 'Friendship'에

대해 쓴 《友情論》이란 책에 게재된 내용 일부를 소개하면 다음
과 같다. '내 벗은 남이 아니라 나의 반쪽이다. 제2의 나인 것이
다.', '벗은 가난한 자의 재물이요, 약한 자의 힘이며, 병자의 약
이다.', '원수의 음식은 벗의 몽둥이만 못하다.' 그는 다음과 같
은 일화도 소개 했다.

　알렉산더 대왕에게는 나라 창고가 없었다. 정복으로 얻은 재
물을 가난한 사람에게 나누어주었기 때문이다. 어떤 이가 "그대
의 창고는 어디 있는가?"라고 물었을 때 알렉산더가 대답했다.
"벗의 마음속에 있네."

　이런 짧은 일화에서 중국 지식인들은 큰 감동을 받았다. 마테
오 리치의 우정론을 읽은 뒤로 우정에 대한 예찬론이 쏟아져 나
왔다. 사람은 저마다 인생의 이해득실의 원리에 의해서 움직이
는 세상에 살고 있다. 나의 이익이 되면 분주하게 움직이고, 나
의 손해가 되면, 어떤 일이 있어도 움직이려고 하지 않는다. 저
마다 득과 실을 계산하고 행동한다.

　그러나 이해득실을 초월한 행동이 있다. 우정이 그 중의 하나다.

　"진정한 우정은 공리(功利)를 월등하게 초월한 것이다."라고 보
나 아르는 말했다. 인생의 순경(順境)에 처하고 사회에서 출세한
사람이 되었을 때에는 많은 친구들이 내 곁에 모여든다. 그러나
내가 인생의 역경(逆境)에 처하고 어려운 경우를 당할 때는 많은
친구들이 떠나버린다. 길에서 만나도 외면한다. 그것이 이 세상

의 인심이다. 역경에 처했을 때에도 한결같이 변하지 않는 우정이 진정한 우정이다. 순경과 역경은 우정의 시금석이다. '순경은 친구를 만들고 역경은 친구를 시험 한다' 는 영국의 격언이 있다. 로마의 철학자 시세로는 "고난을 만나야 진정한 친구를 안다." 고 말했고 '친구와 포도주는 오랠수록 좋다.'고 한다. 포도주는 오래된 것일수록 그 향기가 방순(芳醇)하고 맛이 있다. 친구도 그렇다. 시간의 오랜 시련을 이겨낸 우정은 인생의 만세반석(萬世盤石)과 같이 견고하고 믿을 수 있다. 시세로는 그의 〈우정론〉에서 "인생에서 우정을 제거하는 것은 세계에서 태양을 제거하는 것과 같다"고 하며 인생의 지극히 높은 가치로 '우정'을 역설했다. 인생에서 우정은 태양에 비할 만한 소중한 가치라고 그는 갈파했다. 진정한 우정은 세월이 지날수록, 시간이 흐를수록, 더 가까이 느껴져야 한다. 보이는 것으로만 평가되는 이 세상에서, 보이지 않지만 서로서로 마음을 맡기며, 서로에게 마음의 의지가 되는 친구, 진심으로 친구가 잘 되기를 바라고 잘 되면 같이 기뻐해 주며, 어려운 일이 있으면 적극 도와주는 사람이 참된 친구일 것이다. 우리 조상들이 생활신조로 삼았던 '삼강오륜'에서 '붕우유신(朋友有信)'과 '화랑오계'에 명시된 '교우유신(交友有信)' 은 모두 친구 간에는 신의(信義)를 지켜야함을 목숨 같이 중히 여겼다. 친구 간에는 어떤 대가도, 계산도 필요하지 않다. 아플 때나, 외로울 때나, 어려운 환경에 처해 있을수록 변치 않고 서로 도우며 우정을 나누는 그런 친구가 있으면 얼마나 좋을까! 진정한 친구, 참된 벗들은 늘 가까이 있지 않아도 된다. 아무리 멀리 있어도 서로의 존재만으로도 힘이 되고 위로가 된다. 삶의 길을 가는 여정에서 항상 말벗이 되고 길동무가 될 수 있으면 그가 바로 평생을 함께할 수 있는 진정한 친구이다.

'백아(伯牙)는 자신의 거문고 연주를 제대로 알아주는 유일한 벗인 종자가 죽자, 거문고 줄을 끊어 버리고 죽을 때까지 다시는 거문고를 켜지 않았다.' 는 '백아절현(伯牙絶絃)' 의 아름다운 옛 이야기처럼 모름지기 친구란 이해관계에 따라 만나고 헤어지는 사이가 아니라, 서로의 깊은 속마음까지도 이해하고 알아주는 인생의 도반(道伴)인 것이다. 그래서 친구 사이의 우정을 이야기할 때면 바로 추사(秋史) 김정희(1786~1856) 선생의 일화가 떠오른다.

잘 나가던 추사선생이 멀고도 먼 제주도에서 귀양살이를 하게 되었을 때, 유배되기 전에 그렇게 많던 친구들은 다 어디로 갔는지 소식이 하나 없었다. 그러나 추사에게 소식을 전한 이가 있었다. 예전에 중국에 사절로 함께 간 적이 있었던 이상적(1804~1865)이라는 선비가 중국에서 많은 서적을 구입해서 유배지인 제주도까지 부쳤던 것이다. 극도의 외로움과 어려움에 육체적, 정신적으로 힘들어하던 추사에게 그의 우정은 엄청난 위로와 감동을 주었다. 추사는 둘 사이의 아름답고 절절한 우정을 한 폭의 그림에 담았다. 그것이 바로 너무나도 유명한 '세한도(歲寒

圖'이다. 세한도라는 이름은 《논어》의 구절에서 따왔다. '날씨가 차가워지고 난 후에야 소나무의 푸르름을 안다. "세한연후 지송백지 후조야(歲寒然後 知松栢之 後彫也)"라는 구절이 바로 세한도가 탄생한 배경이다. 잎이 무성한 여름에는 모든 나무가 푸르지만 날씨가 차가워지는 늦은 가을이 되면 상록수와 활엽수가 확연히 구분되듯이, 모름지기 친구 관계 또한 자연의 이치와 닮은 면이 많다.

진정한 벗이란, 단지 오래 전부터 알고 지내는 사이거나, 돈이나 지위와 같은 외형적인 조건을 가지고 만나는 사이가 아니라, 자기와 뜻을 같이하는 동지이자 길을 함께 가는 동반자의 관계임을 우리는 세한도에 담겨있는 추사 김정희와 이상적의 깊은 우정에서 깊이 느낄 수 있다.

감명 깊었던 우정을 실현한 일화로, 처칠과 플레밍의 우정 실화를 들 수 있다. 부유한 귀족의 아들이 시골에 가서 수영을 하다가 발에 쥐가 나서 물에 빠져 죽게 되었을 때, 이 광경을 본 가난한 농부의 아들이 그를 구해주었다. 귀족의 아들은 자기의 생명을 구해준 시골 소년과 친구가 되어 둘은 서로 편지를 주고받으며 우정을 키워나갔다.

집안이 매우 가난하여 진학의 꿈을 포기했던 시골 소년을 돕고자, 귀족의 아들은 아버지를 졸라 그를 런던으로 데리고 갔다. 친구의 도움으로 시골 소년은 결국 런던의 의과대학에 다니게 되었고 그 뒤 포도당 구균이라는 세균을 연구하여 '페니실린'이라는 기적의 약을 만들어 냈다. 이 사람이 바로 1945년에 노벨의학상을 받은 알렉산드 프레밍이다. 그의 학업을 도운 귀족 소년은 26세의 젊은 나이에 국회의원이 되었다. 그런데 이 젊은 정치가가 나라의 존망이 달린 제2차 세계대전 중에 폐렴에 걸려 목숨이 위태롭게 되었다. 그 무렵 폐렴은 불치병에 가까운 무서운 질병이었다. 그러나 플레밍이 만든 '페니실린'이 급송되어 그의 생명을 건질 수 있었다.

이렇게 시골 소년이 두 번이나 생명을 구해준 이 귀족 소년은 다름 아닌 민주주의를 굳게 지킨 윈스턴 처칠이다. 어릴 때 우연한 기회로 맺은 우정이 평생 동안 계속 되면서 이들의 삶에 빛과 생명을 안겨주었던 것이다.

후일 영국 수상이 된 윈스턴 처칠이 가난한 농부의 아들을 무시했더라면, 시골 소년은 의사가 되어 페니실린을 만들 수 없었을 것이며, 처칠은 폐렴으로 목숨을 잃었을 것이다. 이상의 두 편의 일화를 통해 우리에게 시사해 주는 교훈은 친구가 어려울 때, 아낌없이 도와주고, 외로울 때 위로할 줄 알아야하고, 어떤 환경에서도 변치 않고, 우정을 나누는 맑은 영혼을 가진 진정한 친구가 되어야함을 깨우쳐 주고 있다.

인류가 생존해 오는 동안 우정에 관하여는 예부터 동서양을 막론하고 삶의 중심가치(中心價値)로 삼고 중히 여기며 살아왔다.

　미국인 700명을 대상으로 9년간의 추적 조사에서 장수하는 사람들의 공통점은 놀랍게도 '친구의 수'였다고 하였다. 친구의 수가 적을수록 쉽게 병에 걸리고 일찍 죽는 사람들이 많았다는 것이다. 곧 인생의 '희, 로, 애, 락'을 함께 나누는 친구들이 많고, 그 친구들과 보내는 시간이 많을수록 스트레스가 줄며, 더 건강한 삶을 유지한다는 것이다.

　아낌없이 베풀며 우정을 나누는 벗이 진정한 친구일 것이다.

　만들어져 있는 선천적인 혈연(天倫)에 집착하여 매달리지 말고, 만들어가는 '友테크', 즉 후천적인 친구(人倫)를 보다 소중히 여겨 행복한 삶을 누려가야 할 것이다.

4부
가치관
정립을 위한 삶

나는 누구인가

우리 인생에서 참으로 소중한 것은 우리 자신이 누구인지를 아는 것이며,
나를 사랑하는 것이고, 나를 믿는 것이고 내면에 있는 자신의 영혼과
얼마나 일치되어 있느냐이다.
지금 나는 누구인가? 나는 왜 어떻게 살아야 하나?

세상에서 가장 하기 어려운 일이 자기 자신을 아는 것이고, 세상에서 가장 하기 쉬운 것이 남을 충고하는 것이라고 했다.

독일의 철학자이고 시인인 니체는 "사람은 두 가지 병에 걸렸다." 그 하나는 "자신을 잃어버린 병이고, 다른 하나는 자신을 잃고도 깨닫지도 못하는 병"이라고 했다. 희랍의 위대한 철학자 소크라테스는 철학의 궁극적인 목적이 '너 자신을 알라'는 것이라고 하였다. '나는 누구인가?'

그 물음은 어떤 문장으로도 표현될 수 있는 성질의 것이 아니다. '나는 누구인가?' 어느 누구에게나 이 문제 보다 더 근원적이고 중요한 문제는 없다. 오늘날 우리의 시대를 자아상실의 시대라고 한다. 돈에 정신이 팔려서, 쾌락에 정신 팔려서, 권력에

눈이 멀어서, 이기(利己)에 영합하다보니까, 자기를 잃어버리고 방황하고 있다. 이런 자아상실의 시대에 자기를 되찾는 길, 자기의 정체성을 확립하는 것이 절실하다. 인도의 성자(聖者) 라마나 마하리슈는 "인간의 모든 문제와 괴로움은 '진정한 나' 즉 '진아(眞我)'를 모르기 때문에 생긴다."고 하였다. '진아'를 깨닫기 위해서는 '나는 누구인가?'라는 의문을 가지고 자신의 내면으로 몰입(沒入)해야 한다고 하였다. 이는 선가(禪家)의 화두인 '이 뭣고'와 유사하다. 선가(禪家)에서는 깨달음에 이르기 위해 선(禪)을 참구(參究)하는데, 의제(擬題)로 하는 것을 화두(話頭)라 하고, 화두로는 1,700여 가지가 있으며 그 중 '부모미생전 본래면목시심마(父母未生前 本來面目是甚麼)'라는 화두가 있다. 이 뜻은 부모에게서 태어나기 전에 '나의 참 모습은 무엇인가?'라는 의제를 의심하기 위하여 '이뭣고.'하며 골똘히 참구(參究)하면 眞我(참된 나)를 깨달아 생사를 해탈(解脫)하게 된다고 한다. 또한 불교방송을 시청하면 108배 하는 모습을 볼 수 있다.

'나는 어디서 와서 어디로 가는가?', '나는 누구인가?', '내가 원하는 진정한 삶은 무엇인가?'를 생각하며 절을 올리고 있다. 이는 '참나'를 깨닫기 위함이며, 하나의 귀하고 귀한 생명인 나를 찾기 위함인 것이다.

엘리자베스 퀴블러 로스의 저서 《인생수업》에서 "죽음에 도달하는 순간 모두가 제로가 된다. 삶의 끝에서 아무도 당신에게 당신이 얼마나 많은 학위를 가졌으며, 얼마나 큰 집을 가지고 있는지, 얼마나 좋은 고급차를 굴리고 있는지를 묻지 않는다. 중요한 것은 '당신은 누구인가?' 하는 것이다. 이것이 죽어가는 사람들이 당신들에게 가르치는 것이다."라고 서술하고 있다.

또한 철학자 칸트와 쇼펜하워는 여러 철학자들이 말한 종합적인 결론은 '인간은 누구인가?'를 들고 있다. 이는 사람들의 진정한 자아를 추구하는 것이 사람들의 삶 중에서 가장 중요하다는 것이다.

장기간 말기 환자를 치료하였던 어느 호스피스는 죽음을 앞둔 사람들은 생명이 얼마 남지 않았다는 진단을 받고서야 비로소 '자신은 누구인가?'를 알아내려는 최초의 시도를 한다고 하였다. 자신이 누구인지를 깨닫게 되면 자신이 해야 할 일과 배워야 할 교훈이 보인다고 한다. 지금의 나는 누구인가? 어디에서 왔다가 어디로 가는가? 나는 왜, 어떻게 살아야 하나? 이와 같은 자아에 대한 정체성 추구와 삶의 이유를 알고 의미 있는 삶의 방향을 찾아가게 된다고 한다. 에릭슨(Erikson)은 자아발달의 최종 단계를 자아정체감의 발견이라고 하였다. 카뮈는 "생명을 잃는다는 일은 아무것도 아니다. 하지만 이 생명의 뜻이 없어지고 우리들의 존재이유가 소멸하는 것을 본다는 건 참을 수 없다. 인간은 이유 없이 살아갈 수 없기 때문이다."라는 명언을 남겼다. 우리는 삶의 이유를 가지고 살아야 한다. '나는 누구이며, 어떻게 살아야 하는가?' 이 질문에 대한 답을 찾는 여행이 인생이 아닐까? 그러나 우리는 자신이 누구인지를 모른다. 어디서 왔는지? 어떻게 존재하고 있는지? 그리고 어디로 가야하는지?

우리가 가장 관심을 기울인 것은 가까운 '나'가 아니었다. 나 아닌 타인의 삶을 보는 시선은 비교적 정확하고 익숙하지만, 정작 내 삶은 낯설고 서투르기만 하다. 학문의 발전과정을 보아도, 인류가 가장 관심을 기울인 것은, 가까운 '나'가 아니라 나로부터 멀리 떨어진 것들이었다. '우주는 얼마나 넓은가?', '천체는 어떻게 운행되는가?', '자연은 무엇인가?', '신(神)은 어떻게 행동하는가?' 등에 대한 연구였다. 사실 그런 것에 대하여 아는 것은 인간 자신일 텐데, 인간자신에 대한 의문은 소홀하였다. 우리가 우주에 대해서 안다 하더라도 그것은 어디까지나 나의 사고를 통해서 그 의미를 가지는 것이다. '나'가 무의미하면 우주가 아무리 의미있고 황홀한들 그것이 무슨 소용이 있겠는가? "온 천하를 얻고도 자신을 잃으면 아무 소용이 없다."는 예수님의 말은 자신의 존귀함을 깨우쳐주고 있다. 사람들은 다른 사람들의 모습은 잘 보지만, 자신의 참 모습을 볼 줄 모른다. 그러므로 다른 사람이 '나'를 보듯, 내가 '나'를 볼 수 있다면, '나'는 가장 성숙한 사람일 것이다. 그러나 '나'를 알기 어려운 것은 오직 '나' 자신을 통해서만 알 수 있는 영역이기 때문이다.

나는 누구인지를 신체로 본 '나〔身我〕와 관계로서의 '나(관계

아〕', 그리고 생각하는 '나〔心我〕와 불교에서 보는 '나〔無我〕' 등 4
종류로 나누어 본다.

1. 신체로 본 나〔身我〕

　인간은 창조되었다는 창조설과 진화되었다는 진화설이 있다.
창조설에 의하면 인간은 이 세상을 창조한 원인자(原因者)의 지혜
와 설계에 의하여 하나님의 형상(形象)으로 창조된 존재라고 주
장하는 반면, 진화설은 137억 년 전 Big bang에 의하여 우주가
탄생되고, 45억 년 전 지구가 생기고, 400만~500만 년 전 최초의
인간이 나타나 현재까지 진화되어 왔다고 한다. 나는 창조된 존
재인가? 진화된 존재인가? '생명의 탄생'에 관한 영화를 보면 정
자와 난자가 서로 만나 하나의 생명으로 잉태(孕胎)되는 신비스
러운 광경이 나온다. 3억 마리의 정자가 여성의 몸으로 들어가
난자를 만나려고 꼬리를 흔들면서 헤엄쳐 가다가 거의 다 사멸
(死滅)하고 제일 나중에 가장 용감한 정자 한 마리가 살아남아서
난자의 집 속으로 들어가 하나의 생명이 잉태된다.

　생명의 탄생! 그것은 3억 대 1의 치열한 생존경쟁이다. 세상에
생명의 탄생처럼 신비하고 황홀한 광경이 있을까! 나는 그렇게
해서 인간으로 태어났다. 나는 광활한 우주와 자연 속에 오직 하
나 밖에 없는 생명이다. 천하의 유일자(唯一者)요, 우주의 단독자
(單獨者)이다.

'천상천하유아독존(天上天下唯我獨尊)'
천상천하에서 오직 나의 생명이 가장 존귀하다.

이 말은 인간 생명의 존엄성을 힘차게 선언한 말이다.

나는 부모의 유체(遺體)이다. 나의 몸속에는 부모의 DNA가 깃들고, 나의 피 속에는 조상의 얼이 숨 쉬고 있다. 내 몸은 1,000조 여 개의 세포조직으로 구성되어 있고, 12만km길이의 혈관에서 쉼 없이 혈액이 몸속 전체로 흘러 나의 생명을 유지해주고 있다. 키 167cm, 체중 64.3kg. 혈액형 AB형인 체질을 가진 존재가 '나'인가? 우리는 육체를 자기와 동일시(同一視) 함으로서 '나'라고 인식하고 있는 것이 아닌가?

2. 관계로서의 나(관계아, 소속아)

나는 제주 고씨 고성군파(濟州高氏 高城君派) 33세손(世孫)이며, 가정에서는 ㅇㅇㅇ의 아버지, 남편, 삼촌, 직장에서는 선생님, 사회에서는 대구시민, 대한민국 국민, 병원에서는 환자, 택시를 타면 승객, TV를 볼 때에는 시청자 등 나는 가족, 지역사회, 국가, 세계 속에서 상호 만나면서, 관계 속의 존재자가 '나'라고 보고 있다.

3. 생각하는 나〔心我; 마음 나〕

우리가 생각하고(知), 기뻐하고(喜), 성내고(怒), 슬퍼하고(哀), 두려워하고(懼), 사랑하고(愛), 미워하고(惡), 욕심을 내고(慾), 보고, 듣고, 냄새를 맡고, 맛보고, 감촉을 느끼고 의식하는 주체가 '나' 이다.

"나는 생각한다, 고로 나는 존재한다."는 프랑스의 철학자 데카르트의 말처럼 생각하는 존재는 분명 '나'라고 보고 있는 것이다.

4. 불교의 관점에서 본 '나'

용타스님은 사람들이 '나'라고 여기는 것을 보면 "보고, 듣고, 생각하는 인식의 주체(識主我), 마음(心我), 몸(身我) 그리고 자기 동일시(自己同一視)의 내용인 '내 것(境界我)'이라는 것들이 그것이라고 하였다. 그러나 마음, 인식, 몸, 내 것이 '나'라는 믿음심리 즉 '나는 존재한다.'는, '나'는 진아(眞我)가 아닌 관념의 허상일 뿐, 연기적(緣起的) 기능에 불과하다고 했다. 불교 신행연구원 김현준 원장은 "내가 '나'로 삼고 있는 자아는 스스로가 세운 '나', 스스로 생각하는 '나'이며 스스로가 '나'에 대한 사랑으로 정립한 '나'요, 주관(主觀)과 망상(妄想)으로 만든 '나'일 뿐, 그 거짓 자아 속에 갇혀 살고 있다."고 하였다. 〈반야심경〉에 '오온개공(五蘊皆空)'이란 말이 나온다. 오온은 색(색깔, 소리. 냄새, 맛, 감촉)과 수(受),

상(想), 행(行), 식(識)이며, 이 '오온'은 곧 '나'이고 '색(色)'은 육체이며, 수, 상, 행, 식은 정신작용이며, 육체와 정신으로 이루어진 '나'가 오온(五蘊)이다.

오온개공(五蘊皆空)은 '나'는 공(空)하다. 나는 실상이 없다, 즉 '무아(無我)'라는 의미이다. 불교의 핵심 교리(敎理)인 '제법무아(諸法無我)도 모든 것에는 '나'가 없다는 뜻이며, '색즉시공(色卽是空)'이란 말 또한 '나'란 공(空)이란 의미이다. 공(空)은 비었다. 영원한 독립적인 실체가 없다는 뜻으로, 색(물질, 몸, 自我)에 대한 집착을 놓게 하기위한 가르침이다.

나는 누구인가를 알고자함은 '나'를 잘 알아버림으로써 '나'에 대한 집착에서 벗어나자는 것이다.

기독교에서도 '나는 누구인가?' 이 질문에 완벽한 답이 〈성경〉 '출애급기'의 모세와 여호와와의 대화에 나와 있다. 하나님이 모세에게 애급에 가서 핍박받는 이스라엘 백성을 구하라고 하자, 모세는 나를 보내는 당신은 누구인지 묻는다. 이 질문에 하나님은 "나는 '나는 누구인가' 하고 묻는 자이다.(I am who I am)"라고 대답한다. 즉 나는 '나는 누구인가' 라고 묻는, 스스로를 지켜보는 자라는 뜻이다.

우리는 자신의 삶에서 가장 소중한 것이 무엇인지? 우리는 무엇을 위해 어디를 향해 달려가고 있는지? 자아정체성을 확립하고 인생의 의미와 삶의 방향을 정립해야 할 것이다. 우리는 천상 천하(天上天下)에 오직 하나 밖에 없는 생명을 가지고 오직 한 번 뿐인 인생을 산다.

인생은 연습이 없는 진지한 시합이요, 일회전(一回戰)으로 끝나는 엄숙한 경기다. 나는 나의 판단, 나의 선택, 나의 의지로 내 인생을 내가 살고, 그 결과에 스스로 책임을 져야한다. 우리는 영원 속에 오직 한 번 주어진 이 고귀하고 아름다운 인생을 의미 있게 살아야한다.

인디언들은 황야를 전 속력으로 질주하다가, 갑자기 멈추어 선다고 한다. 그 이유는 자신의 영혼이 따라오는지, 살피기 위해서다. 이는 자기가 진정 꿈꾸었던 가치에서 멀어지지 않을 때에만 진정한 행복도, 가치 있는 성공도 이룰 수 있다는 의미일 것이다. 미국의 위대한 사상가 소로가 쓴 책《월든》에서 "인생은 자기를 찾아가는 긴 과정이다. 자신에 대한 믿음이나, 좋아하는 것을 발견하지 못하면 모든 것을 던질 수 없다. 자기를 발견해야 올인(all in)할 수 있다."고 했다.

소로는 "그대의 눈을 안으로 돌려보라. 그러면 그대의 마음속에 여지껏 발견하지 못한 천 개의 지역(地域)을 찾아내리라. 그 곳을 답사하라. 그리고 자기 자신이라는 우주학(宇宙學)의 전문가가 되라. 진실로 바라건대 당신 내부에 있는 신세계(新世界)를 발견하는 콜럼버스가 되라."고 하였다. 이 말은 자기 자신 내부의 정신세계에도 대륙들과 바다들이 있으므로, 자기가 누구인지, 자신의 우주를 탐색해야함을 주장하고 있는 것이다.

'자등명 자귀의(自燈明 自歸依), 자기를 등불로 삼고, 자기를 의지하라는 뜻으로 자신이 누구인지, 본래심(本來心)을 밖에서 찾는 것이 아니라 스스로 자기 마음을 관조(觀照)하여 깨닫고 살라는 깊은 가르침을 담고 있다. 우리 인생에서 참으로 소중한 것은 어떤 사회적 지위나, 신분, 소유물이 아니라, 우리들 자신이 누구인지, 왜(why) 사는지(가치관, 존재 이유, 비전)를 아는 것이며, 나를 사랑하는 것이고, 나를 믿는 것이고, 내면에 있는 자신의 영혼과 얼마나 일치되어 있는 것인가이다.

'나는 현미경으로 보고 남은 망원경으로 보라.'는 말이 있다. 자신의 감정을 깨어서 바라보자. 나는 누구인가를, 나는 어디를 향해 가고 있는지를.

삶은 배우는 것

미래 사회는 요람에서 무덤까지 계속 배우며 살아야 하는
평생학습사회로 변모하고 있다.
'生 卽 學' 삶은 배움이요, 배움은 곧 삶이다. 배움의 즐거움,
앎의 보람을 가지고 자기의 소질과 취향, 잠재능력을 최대로 실현하여
인생의 꿈을 마음껏 키워나가면서 미래를 슬기롭게 열어가자.

　우리가 살고 있는 21세기는 변혁(變革)의 세기이다. 경제체제는 토지, 자본, 노동에 기초한 자원기반 경제에서, 지식이 생산과 성장의 기본이 되는 지식기반 경제로 급속히 전환하고 있으며, 기술적으로는 아날로그(Analogue) 체제에서 디지털(Digital) 체제로 변하고 있다.

　국제적으로는 단위 국가 체제에서 국경이 무의미한 세계화 체제로 전환하고 있다. 교육 또한 학교교육 중심, 공급자 중심에서 평생교육 중심, 수요자 중심으로 변하고 있다. 인구구조는 평균연령 60년형에서 인생 90년형으로 바뀌고, 평생직장은 사라지고, 평생 고용 가능성이라는 말이 그 자리를 채우고 있다. 이와 같은 총체적 변화는 인간의 생애(生涯)에 걸친 평생교육과 평생

학습이 절실히 요구되고 있다. 인간의 수명이 점차 초 고령사회로 변모함에 따라 직장 은퇴 후 40여 년간의 삶을 가장 잘 보내는 방법은 새로운 환경의 변화에 적응하기 위한 계속적인 배움이 있어야 할 것이다.

과학 기술의 기하급수적인 발달로 "1년간 배우지 않으면 기존 지식의 80%가 감소해버린다"는 빌 게이츠의 '지식의 감가삼각 법칙'이 시사 하는 바와 같이 요람에서 무덤에 이르기까지 평생 동안 꾸준히 지식과 기술을 습득하기 위한 자기 주도적 학습이 이루어져야 할 것이다. 앞으로 우리가 맞이할 미래의 산업분야는 나노(NT), 바이오(BT), 정보(IT), 환경(ET), 우주(ST)에 관한 기술이 필요한 산업이 유망직종으로 전망된다. 지식과 기술의 수명이 자꾸 짧아지고 있다. 10년 전의 지식은 낡은 지식이 되고 5년 전의 기술은 쓸모가 없게 된다. 노동력의 50%가 신기술, 재교육을 수시로 받아야 하고 대학졸업장도 무용지물이 된다. 그러므로 우리는 격변하는 사회에 적극적으로 적응하기 위하여 열심히 배워야 한다. 평생학습사회는 태어나면서부터 삶을 마감할 때까지 학습을 강조하게 되면서 학습자 집단이 다양해졌고 학습의 장소도 학교, 직장, 가정, 지역사회 등으로 다양화 되고 있으며, 학습방법도 자율학습, 대면학습, 원격 방식, 온라인방식 등으로 다양해졌다.

평생학습은 가정, 학교, 사회라는 생활공간과 유아기, 아동기,

청소년기, 성인 및 노년기라는 성장주기가 통합된 다양한 시기 (수직적)와 장소(수평적)에서 이루어지는 일생에 걸친 교육을 의미한다. 평생학습은 급격하게 변모하는 사회에 적응하고 치열한 경쟁사회에 능동적으로 대처해 나가고 자기의 인격 완성과 자아실현을 위하여 필수적인 과제이다. 생명의 법칙은 성장이다.

성장 없는 생명체는 존재하지 않는다. 늙어갈수록 지혜는 성장한다. 그러므로 '生 卽 學' 삶은 배움이며 (Living is learning), 배움은 곧 인생 자체이다. 우리는 살면서 배우고 배우면서 살아야 한다. 즉 우리는 살기 위하여 배워야하고 배우기 위하여 산다. 산다는 것은 자기 수정(修正)의 과정(課程)이다.

'생독(生讀)' 즉 삶을 읽으면서 살아야 인생을 읽을 수 있다.

한문에 '일일학 일일신(日日學 日日新)'이란 말이 있다. 사람은 날마다 배워야 한다. 날마다 배워야 날마다 새로워진다. 역사적으로 배우고 공부하기를 좋아한 대표적 인물로는 공자와 링컨 (A.lincoln)을 들 수 있다.

공자는 동서고금을 통하여 가장 학문을 좋아한 인물이다. 그는 근면한 독학인(篤學人)이요, 학문에 심혈을 기울인 호학인(好學人)이요, 죽는 날까지 연학(研學)에 정진한 면학인(勉學人)이었다. 공자의 언행(言行)을 기록한 《논어》의 제일 첫머리 '학이편(學而篇)'에 다음과 같은 글이 나온다.

"학이시습지 불역열호(學而時習之 不亦說乎)" "배우고 때를 따라

복습을 하니 이 또한 기쁘지 아니한가" '논어'는 공부하는 기쁨을 예찬하는 데서부터 시작한다. 공자는 열다섯 살 때 공부하기로 뜻을 세우고 (吾十有五而志于學), 73세에 세상을 떠날 때까지 면학일로(勉學一路)의 길을 걸었다.

그러므로 15세에 학문에 뜻을 둔다고 하여 '지우학(志于學)'이라한다. 《논어》에 배울 학자(學)가 63회 나온다. 공자가 얼마나 學(배움)을 중시했는가를 알 수 있다. 공자는 이렇게 말했다. "나는 온종일 먹지도 않고 밤새껏 자지도 않고 골똘히 사색에 빠졌었다. 그러나 아무 소득이 없었다. 배우고 공부하는 것이 제일 좋다는 것을 알았다.(吾嘗終日不食 終夜不寢以思無益 不如學也)."〈論語의 衛靈公篇〉이것은 공자가 젊었을 때의 체험담이다.

공자는 온종일 밤새껏 먹지도, 자지도 않고 심각한 고민을 해보았지만 별로 얻은 것이 없었다. 불여학(不如學), 공부하는 것처럼 좋은 것이 없다는 것을 공자는 깨달았다. 공자의 학습관(學習觀)은 배운다는 것은 그것이 간판이 되건 말건, 실제 문제해결에 쓸모가 있건 말건 그 자체가 재미고, 즐거움이라는 '내재적 학습관'을 소유하고 있다는 점이다. 또한 공자는 "아랫사람에게 묻는 것을 부끄럽게 생각하지 말라(不恥下問)"고 했다.〈論語. 공야장편〉. 보통 사람은 자기보다 연하의 사람에게 묻는 것을 부끄럽게 생각하여 물으려고 하지 않는다. 그러나 공자는 모르는 것이 있으면 나이가 적은 사람한테도 물었다. 모르면 누구에게

나 물어야 한다. 이것이 배움의 정신이다. 학문은 문자 그대로 배우고(學) 묻는 것이다(問). "세 사람이 같이 가면 반드시 내가 배울 만한 스승이 있다(三人行 必有我師焉)".〈論語, 술이편〉. 세 사람이 동행을 하거나 같이 일을 하면 자기가 배울만한 스승이 그 중에 꼭 있다고 공자는 말했다.

공자는 배우려는 겸손한 마음으로 인생을 살았으며 주위의 모든 환경이 배움의 소재가 되었다. 사람은 죽는 날까지 배워야 한다. 우리는 책이나 학교에서만 배우는 것이 아니다. 우리는 생활에서 배우고, 경험에서 배우고, 사회에서 배우고, 직장에서 배우고, 자연에서 배우고, 보고, 듣고, 읽으면서 배운다. 학문에 '만물교아(萬物教兒)'란 말이 있다. 즉 만물이 모두 다 나를 가르친다. 사람이 배우고자 하는 마음을 가지면 만사만물(萬事萬物)이 모두 다 나의 스승이다. 모든 사람이 다 나의 스승이다.

호학인(好學人)을 또 한 사람 든다면 미국의 16대 대통령인 링컨을 들 수 있다. 켄터키의 가난한 농부의 아들로 태어난 링컨은 초등학교 1학년 밖에 다니지 못했다. 그는 꾸준히 독학하여 대성한 인물이 되었다. 링컨은 다음과 같은 좌우명(座右銘)을 만들었다. "만나는 사람마다 교육의 기회로 삼아라." 그는 만나는 사람마다 무엇인가 배웠다. 배우고자 하는 마음을 가지면 만인이 나의 스승이다. 그는 또 이렇게 말했다. "나는 공부하고 준비하리라. 그러면 기회는 온다." 링컨은 독학 자습하여 변호사 시험에 합격하였고 그는 정계에 진출하여 마침내 대통령이 되어 미국 역사상 가장 큰 공적을 남겼다. 가난의 밑바닥에서 학교 교육을 제대로 받지 못하고 자라난 링컨이 독학과 악전고투 끝에 미국 최고의 대통령이 되었다는 눈물겨운 이야기는 세계의 어린 학생들에게 커다란 희망과 용기를 줄 것이다.

시인 괴테는 "가장 유능한 사람은 부단히 배우는 사람이라"고 했고, 독일의 뛰어난 철학자 칸트는 "인간은 교육에 의해서만 인간이 될 수 있다. 인간에서 교육의 성과를 빼면 남는 것이 없다"고 말했다. 조선 시대의 위대한 학자였던 율곡(栗谷) 이이(李珥) 선생은 교육학의 명저인 《격몽요결(擊蒙要訣)》의 제일 첫머리에 이렇게 말했다. "사람이 이 세상에 태어나서 학문을 하지 않으면 사람다운 사람이 될 수 없다. 사람다운 사람이 되려면 모름지기 학문을 해야 한다. 학문을 해야만 건전한 인격이 될 수 있다. 올바른 학문이 올바른 인간을 만든다." 로마의 철학자 세네카는 "우리가 삶을 배우려면 일생이 걸린다."고 했다. 공부할 때의 고통은 잠깐이지만, 못 배운 고통은 평생이다.(工夫忍苦在瞬間, 不學苦痛限平生). 공자의 사상적 후계자인 노자는 "학불염 교불권(學不厭 敎不倦), 배우고 배워도 싫어지지 않고, 가르치고 가르쳐도 게을러지지 않는다."라고 하였다. 이 말은 교육자들이 좌우명으로 삼아야 할 금언(金言)이다. 우리는 배우는 일에 염증을 느끼지 말고 가르치는 일에 권태를 느껴서는 안 된다. 중국의 고전인 《예기(禮記)》에 '교학위선 교학위본(敎學爲先 敎學爲本), 가르치고 배우는 것을 먼저 하여라. 그리고 가르치고 배우는 것을 인생의 근본으로 삼아라.'고 하였다. '주자십회(朱子十悔)' 중에 '소불권학노후회(少不勸學老後悔)'라는 말이 나온다. 젊어서 부지런히 배우지 않으면 늙어서 뉘우친다고 했다.

또한 주자는 다음과 같이 권학문(勸學文)을 지어 젊은이들에게 배움을 장려하였다. "勿謂今日不學而有來日, 勿謂今年不學而有來年, 日月逝而歲不我延, 嗚呼老而是誰之愆" "오늘 배울 것을 내일로 미루지 말고, 올해 배울 것을 내년으로 미루지 말라. 해와 달은 가고 세월은 나를 기다리지 않으니, 오! 늙어 후회한들 이 누구의 허물인가?"

책 속에는 동서고금(東西古今)의 사상가와 철학자, 종교인과 문학자 정치가의 진리와 지혜의 말씀이 금은보석처럼 수록되어 있다. 그것을 하나하나 배우면 나의 정신적 우주가 확대되고, 나의 인격이 심화되고, 나의 능력이 향상될 수 있을 것이다.

평생교육은 1965년 파리의 유네스코(UNESCO)본부에서 세계 성인(成人) 교육을 놓고 회의가 벌어졌을 때 프랑스의 교육자인 폴 랑그랑(Lengrand)이 처음으로 평생교육의 원리를 역설했다. 그후 이 말이 널리 퍼지게 되었다. 21세기의 새로운 세기는 인류 문명의 엄청난 변화를 초래할 전환기라고 해도 과언이 아니다.

현대사회는 지금까지 지향해 오던 전통적 생활방식과는 다른, 변화된 새로운 생활방식으로 사고(思考), 의식(意識), 가치관(價値觀)을 요구하고 있으며, 지식과 정보가 폭발적으로 증가하고, 그 생성, 소멸 주기가 짧아 새로 취득해야 할 정보의 양이 엄청나게 늘어나므로 지속적인 학습을 통해 사회에 발 빠르게 적응하는 능력을 가져야한다. 또한 기술의 발달과 다양한 직업구조의 변화로, 새로운 기술과 기능 습득의 필요성이 증가되고 있으며, 평균 수명의 연장, 자동화에 의한 가사노동의 감축, 출산 및 양육 부담 등으로 여가시간 증대와 활용, 대중교육시대의 도래에 따라 여성, 노인, 근로자 등의 교육기회의 다양화, 개인의 잠재적 개발 가능성을 한평생 끊임없이 최대로 발전시키기 위하여 평생교육과 함께 평생학습이 절실하게 되었다.

평생학습의 지속을 위하여 '스스로 배우는 일이 즐거운 일'이라는 경험이 평생교육을 받아야 하는 현대인들에게 가장 필요한 경험이 되어야한다. 학습활동의 즐거움, 학습의욕의 촉진, 앎의 희열(喜悅)을 만끽하게 하는 활동 등을 학습함으로써, 자기 주도적 학습 습관을 형성하도록 하여야 할 것이다. 국민 각자가 자아실현, 생활 향상, 또는 직업적 지식 기술의 획득 등을 목적으로 생애에 걸쳐서, 주체적으로 학습을 계속할 수 있는 평생학습 사회에서는 새로운 지식, 기술, 기능을 습득하기 위하여 각종 자격증의 취득과, 방송매체를 통한 방송통신 교육(방송통신고 등, 방송통신대학)의 수강, 각종 서적의 탐독, 학원을 이용한 컴퓨터 실기 기능 습득, 영어, 중국어, 일본어 등 외국어 교육과, 서예, 회화, 각종 악기연주 등 취미 영역의 실기기능 습득을 통하여 급변하는 미래사회에 능동적으로 대처해 나가야할 것이다.

'생즉학(生卽學)' 삶은 배움이요, 배움은 곧 삶이다. 시인 류시화는 《인생수업》이라는 책에서 "살고(Live), 사랑하고(Love), 웃으라(Laugh), 그리고 배우라(Learn). 이것이 우리가 이곳에 존재하는 이유이다."라고 했다. 80년 노동시대엔 계속 학습해서 자기 발전을 하고, 재교육을 받고, 자기 자신에 재투자하는 일이 필수적이다. 우리는 배움의 즐거움, 앎의 보람이라는 배움의 내재적 가치를 갖고 자기의 소질과 취향, 잠재능력을 최대로 실현하여 인생의 꿈을 마음껏 키워 나가면서 미래를 슬기롭게 열어가야 할 것이다.

가치 선택과 자기 의사결정 自己意思決定

인생의 3대 선택은 나는 누구와(배우자의 선택), 무엇을 하며(직업의 선택),
어떻게 살아갈 것인가(가치관의 선택)이다.
인생은 B(birth)와 D(death,死) 사이의 C(choice : 선택)이다.

개인이나 사회의 행동 방향은 그 개인이나 그 사회의 구성원
들이 각기 어떤 가치관을 지향하고 있는가에 따라 크게 달라 질
것이다.

가치 내지 가치관 여하는 행동의 선택에 영향을 줄 뿐만 아니
라, 동기체제, 지각체제, 만족체제, 평가체제에서도 영향을 준다
는 점에서 중요하다. 이러한 가치관은 개개인 간의 자기 의사결
정과 행동의 선택에 직결된다. 우리 인간은 삶의 과정을 통하여
수많은 자기 의사결정과 선택을 하면서 살아가기 마련이다. 장
폴 사르트르는 "인생은 B와 D사이의 C이다."라고 했다.
B=Birth(탄생), D=Death(死), C=Choice(선택). 말하자면 인생은 우
리가 태어나서 죽을 때 까지 매 순간 선택에 의해 결정된다.

부모, 고향, 형제 , 나이 등은 우리가 선택할 수 없다. 그러나 아침에 일어나서 화장실부터 갈까, 신문을 볼까, TV를 켤까… 이런 것은 자기 스스로 선택해야 한다. 혹은 노란 옷을 입을까, 하얀 옷을 입을까, 어떤 책을 읽을까, 어느 음식을 먹을까, 우리는 매일 매일 선택의 연속에서 살아가고 있다. 그 선택이 모여 하루가 되고 1년, 10년, 일생이 된다.

　오늘날 우리의 삶이 다양화, 정보화, 세계화 사회로 변모함에 따라 우리들의 선택의 폭 또한 넓어지게 되었다. 기원전 6세기 그리스의 유명한 수학자요 철학자인 피타고라스(Pythagoras)는 이 세상에서 제일 중요한 일은 "인생을 어떻게 살아야 하느냐 그것을 가르쳐주는 일이다."라고 말하면서 인생의 가장 중요한 선택으로 '배우자의 선택, 직업의 선택, 인생관의 선택'을 들고 있다. 이 세 가지 선택을 잘하느냐, 못하느냐에 따라 인생의 성공과 실패, 행복과 불행이 크게 좌우된다. 인생의 선택 중에서 이 세 가지 선택처럼 중요한 것이 없다. 인생의 3대 선택을 한 문장으로 표현하면 "나는 누구와 무엇을 하며 어떻게 살까"로 요약된다. '나'는 주체적 나(自我)요, '누구'는 배우자이며, '무엇'은 직업을 말하며, '어떻게 살까'는 인생관을 의미한다.

　첫째 '배우자의 선택'
　평생 함께 살아가야 할 동반자를 어떤 관점에서 선택하여야 참 행복한 삶을 영위할 수 있을까? 러시아 속담에 "싸움터에 나갈 때는 한 번 기도하라. 바다에 나갈 때는 두 번 기도하라. 그리고 결혼을 할 때에는 세 번 기도하라"는 말이 있듯이 배우자의 선택은 일생에서 가장 중요한 대사(大事) 중 하나이다.

어떤 배우자를 선택하느냐에 따라 인생의 행복이 크게 좌우되기 때문이다. 윌리엄 펜은 "결혼할 때는 현명한 판단이 있어야 한다. 돈보다는 인품, 미모보다는 미덕, 신체보다는 마음씨가 고와야 좋은 동반자일 것이다."라고 말하였다. 배우자의 선택조건으로 외모, 성품, 건강, 종교, 학벌, 가정환경, 취미, 재력 등을 들 수 있으나, 그 중에서 성품, 종교, 건강, 취향 등이 선택의 우선이 되어야 한다. 한 사람의 생각이나 성품은 잘 변화되지 않으므로, 평생 함께 살아가야 할 부부의 행복과 삶의 질을 결정하는 요인이 되며, 서로 사랑하고 신뢰하며 상호 존중하며 살아갈 수 있는 성품의 소유자라면 좋을 것이다. 또한 부부가 같은 종교를 가지고 신앙생활을 하면 일생동안 같은 영혼의 동반자로서 서로 영성(靈性)을 교류하며 화목하게 살아갈 수 있을 것이다. 부부간, 가족 간, 종교의 차이로 인하여 갈등, 불화, 심지어는 이혼하는 사례가 많기 때문에 배우자의 선택에 종교를 고려하지 않을 수 없다. 다음으로 배우자의 건강 상태를 우선적으로 보아야 한다.

가정에서 행복의 근원은 정신적, 육체적 건강에 있다고 할 수 있기 때문이다. 특히 배우자의 건강뿐만 아니라, 가족의 유전적 병역(病歷)을 잘 파악해 보아야 한다. 모든 병의 원인이 가족의 유전적 요인에 영향을 많이 받고 있기 때문이다. 또한 배우자 선택의 요건으로 상호간의 취향을 들 수 있다. 배우자가 취미와 성향이 다른 경우엔 각자 하는 일이 다르므로 상대방에 대한 이해심이 부족하여 자주 갈등을 일으키는 경우가 많다.

취향이 같으면 항상 서로 도우며 취미생활을 함께할 수 있으므로 부부간 동반자로서 행복의 목적지를 향해 갈 수 있을 것이다.

둘째 직업의 선택

자기의 소질과 흥미에 맞는 직업이 좋을 것이다.

평생 동안 자기가 하는 일에 흥이 나고 신바람이 나는 사람은 아마도 인생을 가장 알차게, 행복하게 사는 사람일 것이고, 그 일에 큰 성취도 바라볼 수 있는 사람일 것이다. 반대로 가장 허무하고 비참한 인생은 아무 일에도 재미가 없고 흥이 나지 않는 인생일 것이다.

안병욱 교수는 직업 선택의 3대 원칙을 "자기가 제일 잘하는 일, 자기가 하고 싶은 일, 자기가 자신감을 갖는 일을 해야 한다" 라고 하였다.(안병욱,《나를 위한 인생 12장》). 자기가 제일 잘하는 일은 사람마다 잘하는 일이 각각 다르므로, 무엇을 잘한다는 것은 그 방면에 소질이 있고 적성에 맞고 재능이 있다는 것을 의미한다.

사람마다 한 가지 이상 재능을 타고 태어난다고 한다. 부모와 교사가 해야 할 가장 중요한 일은 개인의 재능과 특기를 발견하는 것이요, 격려하고 재능이 자라도록 도와주는 일일 것이다.

다음으로 자기가 하고 싶고 좋아하는 일을 해야 한다.

먼저 자기가 할 수 있는 일이 무엇인지 생각해 보고 그 중에서 자기가 하고 싶은 일을 선택하고, 그리고 다시 그 중에서 정말 하고 싶은 일들로 선택의 폭을 좀 더 줄이고, 마지막으로 그 중에서 정말 하고 싶은 일을 선택해서 그 일을 하면 효과적이라고 한다.

사람은 하고 싶은 일을 할 때 가장 희열감이 솟구치고, 능률적이며, 보람을 느끼게 된다. 하고 싶지 않은 일을 의무감이나 부모의 요구에 못 이겨서 억지로 할 때에는 능률도 안 오르고 재미도 없고 일에 보람을 느끼지 못한다. 하고 있는 일을 좋아하면 신명과 즐거움을 갖고 흥겹게 열심히 하게 된다, 즐겁고 열심히 일하게 되면 능률적으로 일을 잘하게 되고 성공하게 되며 행복한 인생을 살게 된다.

오늘날 과학문명의 기하급수적 발전에 따라 다가치(多價値) 사회로 변모함에 따라 직업에 대한 가치 또한 재력가치, 권력가치, 명예가치, 가시성가치(可視性價値), 자아실현가치 등 여러 유형의 직업가치관으로 분류되고 있다. 돈, 권력, 명예, 인기, 가시성(可視性) 등 부귀공명을 중시하는 직업보다, 하는 일을 통해서 자기의 재능을 발휘하고, 멋, 의미, 재미, 보람을 펴보고, 열중하고 몰입(沒入)할 수 있고, 홍도 나고 신바람도 낼 수 있는 자아실현의 가치를 지향하는 직업을 선택하면 좋을 것이다. 끝으로 자기가 자신감을 갖고 일을 해야 한다. 미국의 사상가 에머슨(Emerson)은 이렇게 말했다. "자신(自信)은 성공의 첫째 비결이다." 인간이 자기가 하는 일에 자신감을 갖는 것처럼 중요한 것이 없다. 자신감은 자기의 능력에 대한 확고한 믿음이요, 할 수 있다는 확신이다. 하는 일에 애정을 갖고, 보람을 느끼며, 하는 일의 의미를 느끼며 즐겁고 재미있게 할 수 있는 일을 해야 한다. 행복은 즐거움과 의미가 만나는 곳에 있다.

셋째 인생관(가치관)의 선택

인생관은 '인생이란 무엇이냐', '사람은 어떻게 살아야 하느냐' 등에 관한 사고나 자세를 뜻한다. 즉 인생의 의의, 목적, 삶의 가치 등에 대한 종합적인 견해라고 할 수 있다. 인생관의 선택은 가치관의 선택을 의미하며 평생의 삶을 보다 의미 있고 보람되게 살기 위하여 어떤 인생관을 선택하여야 하는지가 매우 중요하다.

오늘날의 현실에서 가치선택과, 자기의사 결정 문제로 해결되어야 할 많은 쟁점들이 대두되고 있다.

성장 대 복지, 보수 대 진보, 주기론(主氣論) 대 주리론(主理論),

개발 대 환경 보전, 사형제도의 존폐문제, 동성(同性)간 결혼 허용문제, 종교 선택문제, 회생이 불가능한 사람의 무의미한 연명을 위한 치료 중단문제, 안락사의 선택문제, 형이상학 대 형이하학 문제, 창조론 대 진화론의 대립 문제, 낙태 허용 문제 등 수많은 가치들이 상호 대립, 갈등을 빚는 경우를 신문이나 방송 보도를 통해 자주 접하게 된다. 과연 흑백논리, 양자택일의 절대적 가치는 거의 없다고 본다. 다만 대립되는 가치 중에는 각각 장단점이 있을 뿐 어느 가치를 우위에 두느냐는, 개인의 가치관에 따라 선택, 결정할 일일 것이다. 그러나 옛 선현(先賢)들의 가르침에 중용(中庸)이라는 말이 있다.

이는 대치되는 가치들의 상호 보완 및 조화를 뜻하는 것이며, 그 예로 단기주의는 장기주의와 더불어 중용을 이루어야 하며, 수단적 가치는 내재적 가치관에 비추어 중용을 취해야 한다고 보아야할 것이다.

앞으로 다양한 의견이 상호 존중되고 더불어 살아가야 할 미래사회에서는 가치학습을 통해 스스로 자기 의사를 보다 현명하게 선택, 결정할 수 있는 능력의 배양이 절실한 과제이며, '선택과 집중!' 자기가 선택한 일이나 과업에 대하여는 집중적으로 최선을 다 해야 할 것이다.

긍정적 가치의 선택

어려운 일을 당했을 때, "이 또한 지나가리라" 하는 긍정적 생각을 한다.
긍정적인 태도의 기초는 '역 피해의식'을 갖는 것이다.
이것은 세상이 나를 위해 행복과 성공으로 이끈다고 믿는 것을 말한다.

가치관은 인간이 자기를 포함한 세계나 어떤 세상에 대해 부여하는 가치나 의의(意義)에 관한 견해나 입장을 뜻한다. 개인이나 사회의 행동 방향은 그 개인이나 그 사회의 구성원들이 각기 어떤 가치관을 지향하고 있는가에 영향을 준다는 점에서 매우 중요하다. 우리 인간은 삶의 과정을 통하여 가치 선택과 자기 의사결정을 하며 살아가기 마련이다.

"개인의 가치관이 바뀌면 태도가 바뀌고, 태도가 바뀌면 행동이 바뀌고, 행동이 바뀌면 습관이 바뀌고, 습관이 바뀌면 인격이 바뀌고, 인격이 바뀌면 그 사람의 운명이 바뀐다."고 심리학자인 윌리엄 제임스는 밝히고 있다. 따라서 개인의 운명을 바꾸려면 개인의 가치관부터 바꾸어야 함을 시사해 주고 있다. 또한 가치관은 인간의 프레임(frame)이라 할 수 있으며, 프레임은 한 마디로 세상을 바라보는 마음의 창이며 어떤 문제를 바라보는 관점으로 정의된다. 긍정심리학(positive psychology)에서는 인간의 마음의 창인 가치관을 긍정적인 방향으로 변화를 모색하고, 인간의 삶의 질을 향상 시키며, 삶이 황폐하거나 부정적일 때 일어날 수 있는 병리(病理) 현상을 예방하기 위하여서는 긍정적 가치관이 절실히 필요하다고 하였다.

오늘날 세상을 변화 발전시킨 원동력은 어려운 환경을 극복하고, 불굴의 의지로 끊임없이 노력한 인간의 긍정심리가 그 바탕이 되었다. 올해 14회째를 맞는 장애올림픽(패럴림픽) 개회식 행사에서 루게릭병 진단을 받은 뒤 온몸을 움직이지 못하면서도 아인슈타인 이래 최고 물리학자로 업적을 쌓은 일흔 살 스티븐 호킹박사는 "삶이 아무리 힘들더라도 모든 사람에겐 특별한 성취를 이뤄낼 힘이 있습니다. 인간은 모두 다르다. '표준적 인간'은 존재하지 않는다."고 했다. 그러면서 "인간에게 한계가 없다는 것보다 세상에 더 특별한 일이 있느냐. 발을 내려 보지 말고 별을 올려다보라."고 했다.

호킹박사의 축사가 감동적인 것은 가혹한 육체적 시련을 겪으면서 이 시대를 살아가는 모든 사람들에게 긍정적인 용기와 희망을 주었기 때문이다.

· 실패를 성공으로 극복한 사람들

사례 1_ 미국의 16대 대통령 아브라함 링컨은 가난한 구두 수선공의 아들로 태어나 빈곤으로 인해 학교는 9개월 밖에 다니지 못하였다. 9살 때 어머니가 세상을 떠났다. 22살에 사업을 시작하여 사업 실패 2회, 국회의원 낙선 2회, 상원의원 낙선 2회, 부통령 낙선 등 공식적인 실패만 27번 되풀이하였다고 한다. 51세 때 미국 16대 대통령에 출마하여 드디어 당선되었다. 실패가 이어지면 급기야 포기하기 마련이다. 그러나 링컨은 실패에 정면으로 맞섰다. 그는 실패할 때마다 꿈을 더 높이 가졌다. 그의 성공은 실패가 밑거름이 되어 이루어진 성공이었다.

사례 2_ 에디슨이 백열등의 필라멘트를 발명하려고 엄청난 노력을 했던 과학자다. 그가 전구를 발명할 때까지는 2,000여 번의 실험을 하였다고 한다. 이를 본 한 젊은 기자가 그에게 그토록 수 없이 실패했을 때의 기분이 어떠했는지를 물었다. 에디슨은 "실패라니요? 난 한 번도 실패한 적이 없습니다. 나는 단지 전구가 빛을 내지 않는 2,000가지의 원리를 알아냈을 뿐입니다." 에디슨은 결코 자신의 실패를 실패로 생각하지 않았던 것이다. 그에 있어서 실패란 성공의 방법을 발견하기 위한 전(前) 단계였을 뿐이다. 에디슨을 발명의 달인으로 만들어준 2%는 실패에도 굴하지 않고 끊임없이 도전하는 '거듭 거듭'의 긍정적 정신이었다.

사례 3_ 평창 동계올림픽 유치도 2회에 걸쳐 도전 했으나, 뱅쿠버와 소련의 소치에 밀려 실패하고 세번 째의 도전 끝에 우리나라 평창에 유치하는 데 성공하였다. 이런 결과는 실패를 무릅쓰고 다시 일어서서 재도전한 끈질긴 불굴의 의지와 할 수 있다는 긍정의 힘에 기인하였다고 할 수 있다.

사례 4_ 저 유명한 약품인 '606호'는 605번째도 실패하고 606번째 성공했다고 해서 '606호'라고 약품 이름이 지어졌다고 한다.
사뮈엘 베케트는 말했다. "한번 해보라. 안될게 뭔가? 다시 시도해 보라. 또 다시 실패해 보라 이번엔 좀 더 잘 실패해 보라." "좀 더 멋지게 실패하는 것이야 말로 성공의 어머니이기 때문이다." "실패는 성공으로 가는 고속도로이다. 실패는 잘못 가고 있음을 알려주는 표지판이므로 성공의 길로 안내하기 위한 일시적인 현상이다." 라고 존 키즈가 말했다.

· 역경을 긍정으로 이겨낸 사람들
사례 1_ 강영우는 10대 소년 시절인 중학교 때 축구경기 도중, 축구공에 맞아 실명하여 불빛조차 구별할 수 없는 완전 맹인으로 살면서 온갖 고통과 사회의 편견과 차별을 신앙과 굳은 의지로 극복하여 1968년 서울 맹학교를 거쳐 연세대학교를 졸업하고 도미하여 피츠버그대학에서 교육학석사, 철학박사 학위를 취득, 1976년 한국 최초의 맹인박사가 되었을 뿐만 아니라, 미국 대통령이 임명하는 백악관 국가장애위원회 정책차관보라는 최고위 공직자가 되었다. 강영우 박사는 맹인으로의 삶을 불평하기 보다는 오히려 실명의 약점을 감사하며 살았다고 한다. 그러한 그의 생각은 기독교 가치관이 뿌리내린 미국사회에서 치명적인 약점이 강점이 되는 기회가 되었으며, 강박사의 실명(失明)은 스스로 비전(vision)의 사람이 되게 하였으며, 두 아들을 3C(실력, 인격, 헌신)의 자세를 갖춘, 섬기는 지도자로 교육하는데 긍정적인 자산이 되었다고 고백하였다.

강영우 박사는 2012년 하늘나라로 떠났지만, 그동안 장애를 극복하고 꿈을 이룬 공로로 나라로부터 최고의 훈장인 '무궁화 훈장'을 추서 받았다.

사례 2_ 2011년 11월 13일 조선일보에 '이지선의 인생 2막'이라는 기사가 보도되었다. 이화여대 4학년에 재학 중이던 2000년 만취 운전자가 낸 7중 추돌사고로 전신 55%에 3도의 중화상을 입었다가 기적적으로 살아남았지만, '까맣게 타서 일그러진 얼굴로 어떻게 살아갈 것인가' 주위의 절망과 탄식을 자아냈다.

30여 차례의 이식수술을 하다 보니 더 이상 갖다 쓸 피부가 없었다고 한다. "사고 난 일요일 밤 가족과 함께 따뜻하게 보내야 할 시간에 혼자 소주 다섯 병이나 마시고 운전했을 그분(사고운전기사)의 곤고(困苦)하고 마른 가슴이 오히려 가엾다."고 이지선은 운전기사를 걱정했다.

그녀는 "앞으로 덤으로 얻은 삶을 장애인을 비롯해 불우한 이웃을 위해 일하고 싶다. 사고로 마디가 짧아진 손으로 큰 불편 없이 요리할 수 있으니 하나님께 감사하게 되고, 내 발로 걸어서 화장실 가던 날, 환자복 단추 구멍 하나를 채우게 된 날, 등등… 감사 찾기를 했더니 가장 큰 축복이 될 수 있음을 깨달았다. 마음의 평화가 찾아오고, 고난 자체가 사고가 일어나지 않았다면 내가 평생 가질 수 없었던 보물들이다. 생명이 얼마나 소중한 것인지, 사랑이 얼마나 따뜻한지, 절망이 얼마만큼 사람을 죽일 수 있는지, 긍정과 감사는 얼마나 작은 것에서 비롯되는지, 그 동안 10년의 시간이 알려주었다."고 고백했다.

사례 3_ 미국의 맹인 가수였던 스티브 원더는 그가 초등학교 다니던 시절, 한 백인교사는 그에게 이렇게 말했다. "너에게는 결정적 세 가지 약점이 있는데, 가난하다는 것과 흑인이라는 것, 게다가 장님이라는 사실이 바로 그것이다. 가난한 흑인 맹인이 할 수 있는 일은 세상에 아무것도 없다."라고…

그러나 나중에 세계적으로 유명한 가수가 된 스티브 원더는 이렇게 말했다. "안 보였기 때문에 더 잘 듣기 위해 애를 썼으며, 가난한 흑인이기 때문에 더욱 열심히 노력했다."라고… 불행의 가장 큰 특징 가운데 하나는 예고가 없다는 것이다. 그러나 불행을 겪은 후에 그것과 싸우는 태도는 사람마다 천차만별이다. 스티브 원더처럼 '기왕에 없어진 것 고민하면 무엇 하나. 남은 것을 더 활용하자.'라며 스스로에게 긍정의 힘을 불어넣는 사람도 있고, 불행이 그리 크지 않은데도 온 세상을 다 잃은 것처럼 스스로를 절망의 구렁텅이로 밀어 넣는 사람도 있다. 그러나 장애를 얻은 후에 오히려 분발해 정상의 위치에 오른 사람은 수없이 많다.

밀턴은 눈이 먼 상태에서 《실락원》이라는 불후의 명작을 남겼으며, 중국의 역사가 사마천(司馬遷)은 자기 신체의 일부를 절단당한 후에 중국 최고의 역사책인 《사기(史記)》를 완성했으며, 베토벤은 음악가로서는 치명적인 귀머거리 상태에서 수많은 교향곡을 발표했다. 동화작가 안데르센 역시 자신의 역경이 진정한 축복이었다고 회고한 바 있다. 그는 매우 가난한 가정에서 태어나 초등학교도 다니지 못했으며 알코올 중독자인 아버지에게 학대를 당하곤 했다. 그는 훗날 동화작가로 명성을 얻게 되었을 때 이렇게 말했다.

"생각해보니 나의 역경은 모두 축복이었습니다. 가난했기에

〈성냥팔이 소녀〉를 쓸 수 있었고, 못 생겼다고 놀림을 받았기에 〈미운 오리새끼〉를 쓸 수 있었습니다." 이처럼 역경을 극복한 사람들은 한결같이 자신의 역경을 긍정적으로 바라보며 성공과 도약의 원동력이 되었다고 했다. 조그만 실패에도 쉽게 좌절하거나 자신의 잘못을 환경 탓으로 돌린 의지 약한 장애인은 수없이 많다. 어떤 상황에서도 웃음과 여유를 잃지 않은 강영우 박사, 이지선, 스티브 원더의 긍정의 힘은 한 사람의 인생을 바꾸고 새로운 세상을 변화시킬 만큼 위대한 것이 아닐까?

사례 4_ 일본의 오토다케 히로타다의 저서인 《오체불만족》을 보면, 팔다리가 없이 태어나 휠체어를 타고 다니지만 장애를 극복하고 누구보다 밝고 건강하게 사는 이야기다. 오토다케의 다 자란 팔다리는 고작 10cm에 불과하지만 그는 '초개성적(超個性的)'이라고 이야기하며 "장애는 불편합니다. 그렇지만 불행하지는 않습니다. 장애와 행복은 아무 관계가 없다."고 강조한다. 우리나라에도 한국의 '스티브 호킹' 이상묵 서울대 교수는 "자동차 사고를 통해 장애를 입었지만 다시 재기(再起)해 활동하는데 필요한 최소의 부분을 하늘이 가져가지 않았고 나는 언제나 운이 좋았다.

지금도 예전과 마찬가지로 나는 하늘이 내린 행운을 누리고 있다. 하늘은 모든 것을 가져가시고 '희망'이라는 단 하나를 주셨습니다." 라고 했다.

사례 5_ 2차 대전 중에 델마 톰슨이라는 부인은 남편을 따라 캘리포니아 주 모하비(Mojave)사막이 있는 곳으로 오게 되었다.

그곳은 섭씨 46도를 오르내리는 지독한 무더위에, 바람에 날리는 모래가 음식에 섞이기가 일쑤였다. 그녀의 마음은 상심 그 자체였다. 그녀는 그곳에 도저히 살 수 없다며, 차라리 형무소가 낫겠다고 친정아버지께 편지를 써 보냈다. 그러나 친정아버지의 답장에는 다음과 같이 달랑 두 줄만 적혀 있었다. "감옥 문창살 사이로 내다보는 두 사람, 하나는 흙탕을 보고 하나는 별을 본다." 이 편지에 톰슨부인은 충격을 받았다. 그리고 이 두 줄의 글이 그녀의 인생을 바꾸어 놓았다. 그녀는 곧 그곳의 낯선 이웃들과 친구가 됨은 물론 대자연을 깊이 관찰, 연구한 끝에《빛나는 성벽》이라는 책을 출판하기까지 했다. 흙탕을 보고 절망하며 살 것인가, 아니면 별을 바라보며 희망 속에서 긍정적으로 살 것인가?

· 부정보다 긍정적으로 살아온 사람들

사례 1_ 세 사람의 석공(石工)이 성전(聖殿)을 건축하기 위하여 돌을 쪼고 있었다. 길을 가던 사람이 "당신은 왜 그 일을 하고 있습니까?" 하고 물었다. 첫 번째 사람은 "죽지 못해서 이놈의 일을 하고 있습니다. 목구멍이 원수지요." 두 번째 사람은 "처자식을 먹여 살리기 위해서 이 일을 하고 있습니다." 세 번째 사람은 "내가 돌을 정성껏 아름답게 쪼면 장엄하고 아름다운 교회건물이 건설될 것입니다."라고 대답했다. 이는 사람이 갖고 있는 가치관, 직업관의 차이(差異)에서 일어나는 현상이다. 이 이야기는 우리에게 세 번째 석공과 같이 하는 일의 의미와 즐거움을 갖고서 긍정적으로 살아가야 함을 시사해주고 있다.

사례 2_ 몇 년 전 TV에서 'TYK' 그룹의 총수 김태연 회장의 성공 스토리가 방영되었다. 김회장은 고향에서 제대로 기 한번 못펴고 지내다가 23세 때 가족들과 함께 이민 길에 올라 유색인종으로 당해야 할 갖은 어려움은 다 겪었다. 하지만 그 때마다 스스로를 다잡으며 그녀는 속으로 다음 주문을 되뇌었다. "He can do it, She can do it, Why not me?" 그도 할 수 있고, 그녀도 할 수 있는데 왜 나라고 못하겠습니까? 마침 그녀는 어려움을 극복하고 자신의 사업을 성공시켰으며, 미국 내 저명인사들의 반열에 올라있다. 이러한 긍정적인 태도의 기초는 바로 역 피해의식 (inverseparanoid)을 갖는 것이다. 이것은 세상이 나를 위해 행복과 성공으로 이끈다고 믿는 것을 말한다. "오늘은 내게 정말 멋진 일이 분명히 일어날 거야." 이렇듯 항상 자신에게 최고를 기대하는 것이다.

2. 긍정적 가치 선택의 방향

긍정적 언어 사용

* '어떤 말이든지 만 번 이상 되풀이하면 반드시 미래에 그 일은 이루어진다.'는 인디언의 금언이 있다. 그만큼 말도 반복하면 틀림없이 이뤄진다는 것을 인디언들은 이미 알고 있었던 것이다. 행복도 삶의 한 습관이므로 연습하면 할수록 행복지수가 늘어나는 것은 자명한 이치다. "나는 행복하다." "나에게 행운이 올 거야." "나는 뭐든지 할 수 있어."라고 자신에게 꾸준히 말하면 그대로 된다고 한다.

* 말을 더듬는 자녀를 보면 야단치기보다 "너의 머리가 천재여서 말이 생각을 못 따라 가는구나!" 하고 머리를 쓰다듬어준다.

* 밥이 타거나 질어서 아내가 미안해 할 때, "누룽지도 먹고 죽도 먹는데 무슨 상관이야 괜찮아!" 웃으며 대범하게 말한다.

* 어려운 일을 당했을 때 "걱정할 것 없어, 이 또한 지나가리라"고 솔로몬의 지혜를 빌려 올 수도 있다.

* 실수를 하였을 경우 "실수를 너무 두려워하지 마라, 20~30대 사전에는 실패라는 단어는 없고 실수라는 단어가 있을 뿐"이라고, 실패를 두려워하면 어려운 일에 도전할 수 없게 되기 때문이다.

* 남이 잘 되면 축복의 말을 사용해야 한다. 한국 사람은 4촌이

땅을 사면 배 아파하지만 유태인은 잔치를 벌이고 함께 축배를 든다고 한다.

* 자기존중(자존감)의 말을 사용한다.

'나는 꼭 필요한 사람입니다.' '나는 세상에 사랑을 주기 위해, 희망을 주기 위해, 나눔을 주기 위해, 필요한 사람입니다.' 라고 긍정적인 자아상(自我想)을 떠올린다.

* 천국(天國)에서 쓰는 말을 사용한다.

감사합니다, 사랑합니다, 고마워요, 미안합니다, 좋아요, 잘했어요, 괜찮아요, 훌륭해요 등의 말을 생활화 한다.

* 자녀가 싫어하는 말, 무시하는 말, 남과 비교하는 말, 꾸짖는 말은 삼간다.

* 서로 의견이 다를 때는 자기의 입장만 고집하지 말고, 자기의 의견도 틀릴 수 있다고 생각하고, '다름은 틀림'이 아님을 알고 말해야한다.

"내가 하면 로맨스, 남이 하면 불륜" 이라는 말처럼 자기중심적 판단이 되어서는 안 된다.

* 안될 이유만을 말하지 말자. 안될 이유가 있으면 될 이유도 있다.

예) 시간이 없어서, 인복이 없어서, 나이가 많아서, 돈이 없어서, 몸이 아파서, 운이 없어서, 너무 바빠서.

* 화가 났을 때는 역지사지의 입장에서 생각하고 "그렇겠지",

"그렇구나" 하고 말을 하는 것이 좋을 것이다.

* 관점을 긍정적으로 보고 말한다.

　미국의 킹 목사는 앞마당을 쓸 때 "나는 지구의 한 모퉁이를 쓸고 있습니다." 라고 긍정적인 말을 했다.

* 투병할 때, 암 환자에게는 수술보다 더 중요한 것은 병과 공생(共生)하겠다는 의지이다. 암 때문에 죽은 환자보다, 항암치료를 견디지 못해 죽는 사람이 대부분이다. 긍정적인 사람은 "암은 나의 친구야, 언제나 나와 정답게 지내고 있어요." 라고 말한다.

* 자기 충족적 예언(自己充足的豫言)을 한다.

　사람의 뇌는 상상과 현실을 따로 구분하지 않는다. 원대한 꿈을 꾸고 그 꿈이 현실인 것처럼 생활하면 끝은 마침내 현실이 된다. 그러므로 교사나 부모의 기대수준에 부합되게 학생의 학습수준이 일어난다. 따라서 기대수준을 높여 말하면 학생들은 그 기대에 부합하는 수준의 성적을 거둘 수 있다.

* 자긍심을 주는 말을 한다.

　맹인인 강영우 박사는 불이 없는 깜깜한 방안에서 자녀들에게 동화책을 읽어주었다. "애들아, 다른 집에선 불이 없는 방에서는 책을 읽을 수 없는데 나는 깜깜한 방에서도 손으로 점자를 더듬으며 동화책을 읽어줄 수 있으니 참으로 행복하지." 라고 말하며 밤새도록 동화책을 읽어주었다.

* 천둥이 치고 폭우 속에서는 "지금 하늘에는 먹구름이 끼여 있지만 그 위에는 붉은 태양이 환하게 웃고 있단다."라고 말한다.

* 요절한 가수의 90%가 자신의 히트곡과 같은 운명을 만들었다고 한다. 부정적 언어(가사)는 사망 언어다. 반대로 '쨍하고 해 뜰 날 돌아온단다.'의 긍정적인 노래를 부른 송대관은 그 노래가 히트곡이 되어 그 뒤에 국민가수가 되었다.

* 한 소년이 산에 올라가서 "나는 네가 싫어"라고 외치자 산 저편에서도 같은 소리가 메아리쳐 들려왔다. "나는 너를 사랑한다, 나는 너를 사랑한다." 그러자 산 저편에서도 이런 소리가 들려왔다. "나는 너를 사랑한다! 나는 너를 사랑한다." 산에서의 메아리는 인생에서도 똑같이 작용한다. 상대방의 단점만 살피고 "난 네가 싫다."라고 말하면, 상대방 역시 "나도 네가 싫어"라고 말한다. 반면에 상대방의 장점에 초점을 맞춰 "난 네가 마음에 들어"라고 말하면, 상대방 역시 "나도 네가 마음에 들어"라고 대답한다. 내가 타인(他人)을 어떤 관점에서 보느냐에 따라 나를 대하는 상대방의 관점 역시 달라진다.

* 서울 쌍문동에 사는 한 치과의사는 유방암에 걸려 수술을 받았다. 그는 웃으며 이렇게 말했다. "건물이 오래되면 리모델링하잖아요. 예쁘게 재단장되면 가격이 오릅니다. 저도 유방

264

암 수술을 해서 제 몸을 리모델링했더니… 제 몸값이 올랐어요. 호호…"

긍정적 생활 경험 제공

* 자신감과 가치관을 길러주기 위하여 자녀를 격려한다.

격려는 자녀의 장점과 한 일에 초점을 맞춤으로써 자신감과 자존감을 갖게 하는 과정이 된다. 부모가 자녀를 격려함으로서 자녀는 자기 자신을 믿게 되고 자신의 능력을 신뢰하게 된다. 자녀를 격려하는 부모는 자녀의 실수를 인정하고 그것으로부터 스스로 배우도록 도와준다. "너는 정말 대단 하구나" "넌 그걸 해 낼 거야" "넌 그 일을 열심히 하였구나" 등 격려를 통하여 긍정적 경험을 제공하면 자신감과 성취감을 갖도록 하는 '플라세보(placebo)효과'를 얻을 수 있을 것이다.

* 원하는 모습을 마음에 그려본다.

누구나 마음에 품지 않은 복(福)은 절대 현실로 나타나지 않는다. 마음으로 믿지 않으면 좋은 일은 결코 일어나지 않는다. 마음에 품는다는 것은 마음속에 원하는 삶의 이미지(Image)를 그리는 것이다.

우리는 이미지를 자신의 일부로 삼아야 한다. 기쁨, 행복, 성공 등의 이미지를 떠올리는 사람은 반드시 그런 인생을 살게 된다.

* 행복연습을 꾸준히 한다.

　행복을 느끼도록 반복 연습하면 반드시 행복한 감정이 생긴다. "나는 행복하다."는 말을 되풀이해야 한다. 행복하다고 말하는 횟수가 많을수록 그만큼 더 행복한 감정을 갖게 된다. "나는 나를 정말 좋아해, 나도 완전한 행복자야" 계속 그런 말을 반복할 때 그 사람의 무의식(無意識)은 신체의 모든 기능이 그런 느낌을 만들도록 조절해 준다. 또한 사람의 뇌(腦)도 결국은 반복된 연습에 속아 넘어가게 된다.

* 모든 사건들을 긍정적으로 받아들이는 두뇌의 훈련이 필요하다. 두뇌 훈련은 뇌를 재-회로(Rewiring)화 시키는 일이다.

　부정적인 사건에 긍정적으로 대처할 수 있도록 뇌의 반응 기제를 바꾸는 일이다. 즉 그 사람의 뇌를 긍정적인 뇌로 만드는 일이다. 이러한 변화에는 반복적인 훈련도 필요하다. 이런 훈련은 우리의 뇌가 원하는 방향으로 우리의 몸과 마음을 저절로 움직일 수 있도록 해준다.

* 긍정성을 향상시키려면 자기 자신을 바라보는 시선부터 긍정적으로 바꾸어야 한다. 나 자신을 긍정적으로 보기 시작해야 다른 사람도 긍정적으로 바라볼 수 있으며, 나아가 세상을 긍정적으로 볼 수 있다.

* 긍정적 사례들을 들려주고 이를 본받게 한다.

　- 어려움을 극복하고 성공한 사례.

- 남을 도우며 봉사활동을 한 미담사례.

- 긍정적 가치를 배양할 수 있는 도서를 읽도록 권장한다.

* 긍정적 정서 향상 방법에는 명상하기, 선행 베풀기, 좋은 추억 회상하기, 잘 되는 일에 집중하기 등 다양한 훈련방법이 제시되어 있으나, 사람의 마음을 최상의 상태로 유지시켜 주는 것은 감사하는 마음이다, 긍정성 함양을 위한 마음의 훈련을 한다면 감사하기 훈련이 최선이다.

오늘날 우리나라를 비롯해서 전 세계적으로 다문화(多文化), 다가치(多價置)로 변모함에 따라 종교 간, 문화 간, 이념 간, 세대 간의 갈등과 혼란을 초래하고 있다. 인간의 가치관은 그 사람의 행동 방향뿐만 아니라 개인의 운명과 국가의 미래에 까지 영향을 준다는 점에서 매우 중요시되고 있다.

그러므로 개인의 태도와 가치관은 전적으로 학습되는 것으로서 다민족, 다인종 모두가 인정하고 추구하는 보편적이고 긍정적 가치관을 정립하여 21세기의 주인공으로서, 인생의 의미와 즐거움을 추구하고 시련이나 고난을 이겨내는, 긍정적 인간으로 삶을 영위하도록 해야 할 것이다.

서로 도우며 사는 삶

우리가 희구하는 사회는 닫힌 하나보다 열린 다원성과,
다양성을 인정하는 사회이다.
서로 다른 음이 한데 어울려 아름다운 화음을 내듯이
서로 화합, 조화하면서 더불어 살아가는 삶을 희구해 보자.

　인간은 혼자서는 살 수 없는 '사회적 동물이다.' 라고 아리스
토텔레스는 일찍이 일컬었다. 각 개인은 가족, 학교, 직장, 지역
사회, 국가의 한 구성원으로 살아가야 할 뿐 아니라, 급속한 과
학문명의 발달로 인하여 세계화, 정보화, 다문화 사회로 변모함
에 따라 지구공동체의 일원으로 더불어 살아가야 하는 삶의 변
화를 맞이하게 되었다. 그러나 이러한 변화와 더불어 국가 간,
민족 간, 종교 간, 문화 및 이념 등의 차이로 대립과 갈등이 증가
되고 있으며, 미래학자 새무얼 헌팅턴은 '종교의 차이로 인한
문명의 충돌이 미래의 가장 큰 문제가 될 것임'을 예언하고 있
다. 또한 한국 사회에서도 남북 간의 대립, 정당 간, 노사 간, 보
수 vs 진보 간, 분배 우선 vs 성장 우선, 세대 간, 능력주의 vs 평

등주의, 우리 사회에 뿌리박힌 진영론(陣營論) 등 양 극단의 이분법적(二分法的) 대결구도 속에서, 그 어느 때보다 다양성이 존중되고 타협과 설득, 신뢰관계를 형성하여 상생(相生)과 공존(共存)의 삶의 지혜가 절실히 필요하게 되었다.

우리는 그동안 남과 대화하고 남을 이해하고 남에게 양보하고 남과 절충하고 타협하는 것이 부족했다. 그 보다는 도리어 지조(志操), 절개(節槪), 선명성(鮮明性), 불굴(不屈), 초지일관(初志一貫) 등을 따라야 할 덕목으로 삼았다. 역사에서 마의태자, 사육신, 정몽주 등 절개의 인물을 따르라고만 배웠다. 남을 이해하고 양보하고 남과 타협하면 도리어 변절자, 배신자, 기회주의, 줏대 없는 쓸개 빠진 사람으로 취급받았다. 그래서 학원분쟁에도 '결사반대'가 덕목이고, 노동쟁의에서도 '절대 양보하지 않는 것'이 깃발이 되었고, 그리 중요하지 않은 일에도 '죽어도 안 된다'는 절개와 흑백논리를 고수하는 습성에 빠져있다. 하지만 우리는 절개의 알맹이는 간직하면서도 여타의 많은 일에서는 대범하게 타협하고 양보하는 태도가 필요한 것이다. 조선시대 피비린내나는 당쟁의 한 출발이 어느 대왕비의 상(喪)을 1년 지내느냐, 3년 지내느냐 하는 싸움이었다니 그렇게 그들은 구석구석까지 절개와 옹고집으로 굳어있었다. 조선이 멸망한 이유도 사색당파와 개화파와 수구파, 개국파와 쇄국파의 절개있는 옹고집의 대결 때문에 밖으로 눈을 돌리지 못한 탓이었을 것이다.

공생, 공존의 삶

화음(和音)의 조화(調和)

서로 다른 음이 한데 어울려 아름다운 화음(和音)을 창조하듯이 개성이 다른 사람들이 서로 조화를 이루어 공동체적(共同體的)사회를 영위하는 것이 우리가 희구하는 이상사회(理想社會)이며 Symphony 사회일 것이다.

한양대학교 임지현 교수는 '정론(正論)콤플렉스 씻어내길'이라는 논설에서 오늘의 신문사들은 모두 자기 신문을 정론(正論)의 산실(産室)임을 자부하고 있다고 지적하였다. 그는 "인간의 삶에는 복합성이 존재하므로 정론(正論)(정답正答)이란 있을 수 없을 뿐 아니라, 어느 단일 가치나 원칙도 인간 삶의 다양성과 복합성을 온전히 담아낼 수 없으며 사회의 경우에도 사회적 현안에 대한 다양한 목소리와 차이는 문제가 아니라 오히려 민주주의의 질적 성숙함을 드러내 주는 자료"라고 했다. 대표적 상대주의자(相對主義者)인 독일의 철학자 구스타프 라드브르흐(Gustav Radbruch)는 "누구든 각자의 세계관이 다른 만큼 '절대'란 있을 수 없다."고 하였다. 이는 어떤 사람이든, 어떤 입장이든 상대적인 가치만 가질 뿐이므로 서로 상대방을 인정하고 관용하는 태도가 필요하다는 것이다.

17세기 인문주의자인 바나주드 모발은 "견해(見解)의 대립(對立)을 통해 이성을 눈 뜨게 하지 않으면 인간을 오류의 무지(無知)로 몰아가는 자연적 성향이 지체 없이 진리를 이기게 된다."고 했다.(안철수 외《당신에게 좋은일이 나에게도 좋은 일》)

이는 서로 다른 의견과 생각이 공익과 진실의 목표를 놓고 합리적논거(合理的論據)를 통해 '다름=틀림'의 등식을 허물어야 함을 시사하고 있다. 우리 사회는 '다름=틀림'의 등식이 강력하게 자리 잡혀있는 경향이다. 자기 생각과 다르면 '나는 맞고 너는 틀리다'의 등식을 낳고, 더 나아가 옳은 '내(우리)편'과 틀린 '네(너희)편'의 가름을 통해, 다름의 관계를 '선/악', '정상/비정상'의 적대적 대칭적 관계로 증폭시켜서 결국 집단주의, 패거리 문화를 낳게 되는 경우도 있다.

우리는 이상의 '다름=틀림'의 등식을 허물지 않으면 안 된다. 이를 위하여 '똘레랑스' 사상이 등장하고 있다. 똘레랑스란 '나와 남을 다른 대로 받아들이라는 인간 이성의 소리'이다. 즉 다른 사람이 생각하고 행동하는 방식의 자유에 대한 존중, 그리고 다른 사람의 정치적, 종교적 견해에 대한 존중을 뜻한다. 나와 성장이 다른 사람, 사상이 다른 사람, 언어가 다르고 신앙이 다른 사람과의 관계에서 그 다름은 다름으로 받아 들여야 한다는 데 그 의미를 두고 있다. '똘레랑스'는 공자의 '화이부동(和而不

同)'이라 할 수 있다. 공자(孔子)는 "소인(小人)은 동(同)하지만 불화(不和)하고, 군자(君子)는 화(和)하지만 부동(不同)한다."고 말했듯이 의견이 비록 같지 않으면서도 서로 인정하고 화(和)하는 길이 군자(君子)의 도리(道理)라고 했다. '화이부동(和而不同)'의 사례는 퇴계와 고봉의 편지교환을 통해 널리 알려져 있다. 명종 13년 퇴계 이황은 지금의 국립대학총장격인 성균관 대사성(大司成)이었고 고봉 기대승은 이제 막 과거에 급제한 청년이었다. 그해 겨울 12월에 퇴계가 고봉에게 첫 편지를 보내기 시작한 후로 두 사람의 편지교환은 1570년 12월 퇴계가 세상을 떠날 때까지 13년 동안 한 해도 거르지 않고 계속되었다. 26살의 나이 차이를 초월하여 '사단칠정론(四端七情論)'을 중심으로 애정과 상호 존경을 담아 자기의 견해를 밝히고, 서로 다른 견해는 편지 문답을 통해 견해차(見解差)의 접점(接點)을 찾았다는 사례는 오늘날 '다름=틀림'의 사고(思考)의 등식(等式)을 없애는 데 많은 시사점을 던져주고 있다.

나비와 벌이 한 곳에 뿌리를 내려 스스로 움직여 다닐 수 없는 식물을 위해 꽃가루를 날라주고 그 대가로 꿀을 얻으면서 상생하듯이, 우리 인간도 상호 간 도움 없이 살아갈 수는 없을 것이다.

근래에 전개되고 있는 국제 해비타트(Habitat)운동은 2010년 현재 25년간 무주택 서민주택문제 해결을 위해 76개국에 10여만 채의 주택을 지어줌으로써 국제사회 통합과 공동체 형성에 기여하고 있는가 하면, 중국의 쓰촨성 대지진때 전 세계 여러 나라에서 구호품을 전달하고 구조대를 파견하여 봉사활동을 하면서 고통을 함께 나누고 있는 현실은 인류공동체의 절실성을 실감하게 하였다. 우리나라에서도 어려운 환경에서 절약하며 모은 많은 돈을 장학금으로 기부하는 사람들이 있는가 하면, 서해안 태안반도 기름 유출사고 때 전국 각지에서 앞 다투어 기름 제거를 위한 봉사활동, 그리고 어려운 이웃을 돕기 위해서 KBS에서 전개하고 있는 '사랑의 리퀘스트' 운동뿐만 아니라 우리 조상들이 옛부터 펼쳐오던 '품앗이', '두레' 등은 어렵고 힘든 일을 함께 나누어하고, 서로 도우며 살아가기를 갈망하는 우리민족 고유의 미풍양속이라 할 수 있다.

또 한편으로 상생(相生)과 공존(共存)의 정신은 올림픽에서도 잘 나타나고 있다.

우리나라에서 개최한 '88 서울올림픽'의 주제가인 '손에 손잡고(Hand in Hand)'는 세계의 모든 국가는, 국가 간의 벽을 넘어 손에 손잡고 우리 사는 세상 서로 도우며 사이좋게 살기 좋은 세상 만들어 가자는 소망이 담겨있으며, '2008 베이징올림픽'의 슬로건으로 '동일개세계(同一個世界), 동일개몽상(同一個夢想 - One World, One Dream)' 즉, '하나의 세계, 하나의 꿈'으로 설정하였다.

이는 피부색, 언어, 인종의 차이에도 불구하고 올림픽 정신의 본질과 보편적 가치인 '단합', '우정', '진보', '조화', '참가', '꿈'을 모두 반영하고 있다. 이것은 인류의 이상을 추구하고 같은 세상 속에서 동일한 꿈을 공유(共有)할 뿐 아니라 지구공동체 및 문명을 공유하고, 밝은 미래를 기원 한다는 전 세계인들의 염원을 표현하고 있다.

인간은 혼자서는 살 수 없는 사회적 동물이다. 가정, 학교, 직장, 사회, 국가의 한 구성원으로서 서로 만남과 인간관계 속에서 서로 사이좋게 살아가기도 하고, 때로는 크고 작은 대립과 갈등을 겪으면서 살아가고 있음을 볼 수 있다. 한 사람이 살아가면서 축적된 경험과 지식, 가정환경, 성장 배경에 따라 가치관과 사고방식이 다양하게 형성될 것이다. 그러나 그동안의 사회상황을 보면, 의견 대립과 갈등현상이 우려할 정도로 나타나고 있음을 목격할 수 있다. 우리는 역지사지(易地思之)의 사고로 상대방의 입장에서 처지를 바꿔 생각해 보거나, 서로 간의 생각에는 차이가 있을 수 있음을 인정하고 상대의 의견을 존중하는 대화풍토가 조성되어야 한다.

공자의 '화이부동(和而不同)'의 가르침과 같이 서로 의견이 다를 경우, 이를 존중하고, 화하는 태도로 살아야 할 것이다. 특히 오늘날 한국에 거주하는 외국인이 150만 명을 넘는 다문화 사회 풍토 속에서 다문화 콘텐츠 개발이 필요하며, 여러 음(音)이 한데

어울려 아름다운 화음을 내듯이 화합, 조화하면서 더불어 살아
가는 삶의 지혜를 추구해야 할 것이다. 우리가 희구(希求)하는 사
회는 닫힌 하나보다는 열린 다원성(多元性)과 다양한 가치를 인정
하는 사회가 되어야 한다.

강영우, 꿈이 있으면 미래가 있다
공지영, 우리는 누구이며 어디서 와서 어디로 가는가
고도원외 7인, 감사노트
곽동헌, 느림의 삶 (강의 자료)
김열규 외3인, 한국인의 죽음과 삶
김영주, 퇴계와 고봉 편지를 쓰다
김용옥, 도올 논어(2)
김용신, 나는 누구인가
김윤섭, 자아실현을 위한 교육학강의
김인집, 다져야 할 교육의 문제
김정한, 나를 찾아가는 여행
김주환, 회복탄력성
김재현, 16살 네 꿈이 평생을 좌우한다
김충섭, 생애교육
김태광, 긍정의 힘이 나를 변화시킨다
김현기, 선택과 집중의 기술
김현준, 생활 속의 반야심경
김홍걸, 현재를 즐겨라
김홍임, 하늘 우체통
박아정, 자아실현의 심리
박윤경, 나는 누구일까요
문종술, 행복지도
문용린, 국민의식개혁방안에 관한 연구
박신애, 상대방을 사로잡는 칭찬의 기술
박신애, 대화의 기술
법륜수업, 인생수업

법정스님, 홀로사는 즐거움
법정스님, 아름다운 마무리
석용산 스님, 여보게 저승갈 때 뭘 가지고가지
손봉호, 나는 누구인가
안병욱, 뜻을 세우고 삽시다.
안병욱, 인간은 무엇을 위해 사는가
안철수 외15인, 당신에게 좋은 일이 나에게도
용타스님, 마음 알기 다루기 나누기
윤문원, 죽기 전에 시도하라
원주희, 죽음 알면 이긴다
이상헌, 흥하는 말씨 망하는 말투
이상권, 부자가족으로 가는 미래 설계
이의섭, 배려
이지선, 지선아 사랑해
이창호, 칭찬의 힘
이형훈, 배려의 힘
이해인, 꽃이 지고나면 잎이 보이듯이
이해인, 고운말차림표
장영희, 문학의 숲을 거닐다
정광호, 행복 순환의 법칙
정범모, 가치관과 교육
정범모, 미래의 선택
정범모, 인간의 자아실현
정재걸, 죽음과 깨달음
정진홍, 만남 죽음과의 만남
정호승, 내 인생에 힘이 되어준 한 마디

인용 및 참고문헌

차동엽, 무지개 원리
최인철, 프레임
최재천, 당신의 인생을 2모작 하라
최화숙, 아름다운 죽음을 위한 안내서
최효찬, 5백년 명문가의 자녀교육
최효찬, 세계 명문가의 자녀교육
한국교육삼락회, 자녀교육의 길잡이
한말숙 외4인, 세월의 향기
한상복, 배려
한상복, 재미
혜민스님, 멈추면 비로소 보이는 것들
고바야시 츠카시, 내인생 이렇게 살고싶다
게리 체프먼 로스 캠벨, 사랑의 언어
니콜라스코더 다운시프트로, 인생을 즐겨라
다치바나 다카시, 임사체험(상.하)
데보라 노빌, 감사의 힘
디팩초프라, 완전한 행복
라마나 마하리쉬, 나는 누구인가
라하르트 다비트 프레히트, 나는 누구인가
로랑 모비니에, 이별연습
모로히시 데츠지, 공자 노자 석가
미치 앨봄, 모리와 함께한 화요일
바스카스트, 선택의 조건
마빈 토케이어, 탈무드
버트런드 러셀, 행복의 정복
브리깃 뢰트라인, 느림의 초대

빅터 프랭클, 죽음의 수용소에서

산케이신문 '생명' 취재반, 100세 시대

에드가 모랭, 인간과 죽음

엘리자베스 퀴블러스 외1인, 인생 수업

윌리엄 하브리첼, 생의 모든 순간을 사랑 하라

조엘 오스틴, 긍정의 힘

조지 베일런트, 행복의 조건

존바우커, 죽음의 의미

스티븐 코비, 성공하는 7가지 습관

카렌 와이어트, 일주일이 남았다면 죽기전에 후회하는 7가지

켄블랜차드 외, 칭찬은 고래도 춤추게 한다

켄웰버, 무경계

탁낫한, 화(Anger)

탈벤 샤하르, 헤피어

필립 시먼스, 소멸의 아름다운

피터 드러커, Next Society

헨리 데이빗 소로우, 월든(Walden)

호리바 마사오 외 1인, 즐겁고 재미있게